Autor _ MOLIÈRE
Título _ DON JUAN

Copyright _	Hedra 2006
Tradução© _	Celina Diaféria
Título original _	Don Juan, 1665
Edições _	2006, 2009
Corpo editorial _	Adriano Scatolin, Alexandre B. de Souza, Bruno Costa, Caio Gagliardi, Fábio Mantegari, Felipe C. Pedro, Iuri Pereira, Jorge Sallum, Oliver Tolle, Ricardo Musse, Ricardo Valle

Dados _

Dados Internacionais de Catalogação na Publicação (C

M733 Molière, (1622—1673).
  Don Juan. / Molière. Tradução e organização de Celina Diaféria. — São Paulo: Hedra, 2010. Edições de 2006 e 2009. Título original: *Don Juan*, 1665. 110 p.

ISBN 978-85-7715-007-0

1. Literatura francesa 2. Teatro 3. Comédia Satírica. 4. Literatura Erótica. I. Título II. O convidado de pedra III. Poquelin, Jean-Baptiste (1622—1673). IV. Diaféria, Celina, Tradutora. V. Diaféria, Celina, Organizadora.

CDU 840
CDD 843

Elaborado por Wanda Lucia Schmidt CRB-8-1922

Direitos reservados em língua portuguesa somente para o Brasil

EDITORA HEDRA LTDA.

Endereço _	R. Fradique Coutinho, 1139 (subsolo) 05416-011 São Paulo SP Brasil
Telefone/Fax _	+55 11 3097 8304
E-mail _	editora@hedra.com.br
Site _	www.hedra.com.br

Foi feito o depósito legal.

Autor _ MOLIÈRE
Título _ DON JUAN
Organização e tradução _ CELINA DIAFÉRIA
São Paulo _ 2013

hedra

Jean-Baptiste Poquelin, conhecido por Molière, foi batizado em Paris em 15 de janeiro de 1622 e faleceu em casa na mesma cidade, no dia 17 de fevereiro de 1673, após colapso posterior a apresentação de sua última peça, *Le Malade Imaginaire* (*O doente imaginário*), em que representava um falso doente. Em certa medida, pode-se dizer que o mestre da comédia e crítico mordaz aos costumes traz para a esfera da própria vida o universo da representação como uma inversão de valor. Filho de fornecedor de tapetes da casa real, recebeu educação privilegiada no colégio de Clermont. Recusou-se a seguir a carreira do pai e optou pelo teatro. Em 1643, fundou em Paris, junto a outros nove atores, entre os quais se encontrava Madeleine Béjart, a companhia L'Illustre Théâtre. Muito embora fosse extraordinário escritor, jamais concebeu suas obras para a publicação, mas para a representação, e sua trama adaptou-se sempre às necessidades da ação cênica. No que concerne a sua linguagem, soube adequar muito bem a fala a cada personagem, representando assim as diferenças sociais de forma cômica. Em 1658, pôde apresentar ao rei Luís XIV a obra *Nicomède*, de Corneille, e uma pequena peça própria, *Le Docteur Amoureux* (*O médico apaixonado*). Seu êxito fez com que o duque Filipe de Orléans, irmão do rei, tomasse o grupo sob sua proteção e, sete anos mais tarde, o próprio monarca concedesse à companhia a outorga de Companhia do Rei (Troupe du Roi). Ainda teve entreveros com a Igreja por suas críticas e foi por muito tempo perseguido e censurado. Entre as obras mais conhecidas estão *L'École de femmes* (*A escola de mulheres*), *Don Juan*, *Tartuffe* (*Tartufo*), *Le Misanthrope* (*O misantropo*).

Don Juan ou O convidado de pedra foi censurada pela Igreja por toda a vida de Molière. Trata-se mais do que uma narrativa sobre as conquistas amorosas de um devasso. Don Juan começa sedutor e, num crescendo, revela-se ateu, libertino e hipócrita. Apesar desses traços, Molière não cria um personagem completamente mau e lhe confere a generosidade de sua casta. Seu personagem é capaz de grandes maldades e, pela astúcia, transforma, com as palavras, seus defeitos em virtudes. Seus galanteios o predispõem à hipocrisia — o maior de todos os seus vícios. Sempre a seu lado, está Leporelo, a persona moral, que faz ver ao público o mal-feito de seu patrão; a própria inépcia de Leporelo é advertência ao excesso de discurso e de estudo, que levam Don Juan às inverdades e pecados do ateísmo e da luxúria.

Celina Diaféria é formada pela Faculdade de Filosofia, Ciências Humanas e Letras da USP e leciona língua portuguesa e literatura, em São Paulo.

SUMÁRIO

Introdução, por Celina Diaféria 9

DON JUAN OU O CONVIDADE DE PEDRA   **15**

INTRODUÇÃO

Molière (1622–1673) é o mestre da comédia satírica — gênero que critica os costumes por meio do riso. Nascido em 15 de janeiro de 1622, em Paris, Jean-Baptiste Poquelin perde a mãe cedo e é educado por jesuítas no *Collège de Clermont*. Há quem diga que teria tido formação em Direito, mas há dúvidas. Aos 18 anos, seu pai lhe passa o título de tapeceiro do rei. Isso lhe garante, desde cedo, o contato com Luís XIII. Em 1643, no entanto, ele renuncia à sucessão paterna, se associa à atriz Madeleine Béjart e sua família para fundar a companhia *L'Illustre Théâtre*. Em agosto de 1644, adota o pseudônimo de Molière, inspirado no nome de uma pequena cidade ao sul da França.

A partir de 1646, depois de um começo difícil, em que foi até mesmo detido por não quitar as dívidas, Molière e seus comediantes percorrem a França como as companhias de teatro itinerante de sua época, até receber permissão para se apresentar na corte, em 1658. Sob a proteção do irmão do rei, os comediantes se instalam no Teatro de Petit-Bourbon, que dividem com comediantes italianos dirigidos por Tibério Fiorelli, autor de *Scaramouche*. O primeiro sucesso de Molière acontece ali, em 1659, com a peça *Les Précieuses ridicules (As doutoras ridículas)*.

Em 1661, a trupe muda-se para o Théâtre du Palais-Royal. Molière assume as funções de comediante, chefe da companhia e autor de peças, as quais escreve, sob encomenda, para os comediantes. Para citar algumas, são de sua autoria *L'École de femmes (A escola de mulheres); Le misanthrope (O misantropo); L'avare (O avaro), George Dandin; Le bourgeois gentilhomme (O burguês ridículo); Amphitryon (Anfitrião); Monsieur de Pourceaugnac (Senhor de Pourceaugnac); Tartuffe (Tartufo); Dom Juan (Don Juan); Les fourberies de Scapin (Os enganos de Scapin); Les femmes savantes (As mulheres sabichonas); Le malade imaginaire (O doente imaginário)*.

Molière casa-se em 1662 com Armande Béjart, filha de Madeleine. Nessa época, protegido por Luís xiv, ele apresenta suas peças na corte e, com o compositor Lully (1632–1687), organiza festas no Palácio de Versailles. Em 1665, sua companhia se torna a Companhia do Rei.

Falece em 17 de fevereiro de 1673. Os comediantes e atores da época não podiam, por lei, ser sepultados em cemitérios religiosos, já que o clero considerava tal profissão como mera "representação do falso". Como Molière persistiu na vida de ator até a morte, estava nessa condição. É sua esposa Armande quem pede a Luís XIV que lhe providencie um funeral digno. O máximo que o rei consegue fazer é obter do arcebispo a autorização para que o enterrem no cemitério reservado aos não batizados. Ainda assim, o enterro é realizado durante a noite. Em 1792, seus restos mortais são levados para o Museu dos Monumentos Franceses e, em 1817, transferidos para o Cemitério do Père-Lachaise, em Paris.

HISTÓRIA DA PEÇA

A peça *Don Juan ou O convidado de pedra* foi encenada pela primeira vez com grande sucesso no Théâtre du Palais-Royal, em Paris, em 15 de fevereiro de 1665.

Desde a segunda apresentação, no entanto, a cena na qual Don Juan incita um pobre a cometer pecado foi excluída.

Molière fora aconselhado a renunciar a *Don Juan*, e esta foi rapidamente tirada de cartaz e não mais encenada ou publicada pelo autor até sua morte.

Em 1676, a comediante Marie Champmeslé (1642–1698) produz uma pequena peça em dois atos, *Os fragmentos de Molière*, em que aparecem algumas cenas de *Don Juan*. Em 1677, os comediantes do Hotel Guénégaud pedem que Pierre Corneille (1606–1684) retire as ousadias de *Don Juan* e transcreva a peça em versos. Essa transcrição será encenada até 1841. *Don Juan* em prosa será reencenada em 1841, no Teatro Odéon e, em 1847, no Teatro da Comédia Francesa.

***

A história das edições é bastante complexa. *Don Juan* só é editada em 1682, após a morte de Molière. Os editores tiveram de suavizar o texto, mas isso foi insuficiente para a censura — foi preciso imprimir folhas suplementares para substituir as já impressas.

Em 1683, um livreiro de Amsterdam imprime o texto integral, aquele visto pelos espectadores em 1665. O texto, reimpresso duas vezes (1694, 1699), é esquecido rapidamente. Sucessivos editores reproduzem a edição censurada em 1682. Somente em 1813 são reencontradas a cena do pobre de 1682, e, em 1819, a edição de Amsterdam. Assim, pela primeira vez é publicado o texto de acordo com a primeira encenação. O texto restaurado é que se traduz para a língua portuguesa na presente edição, segundo a edição Gallimard (1999).

INTRODUÇÃO

O PERSONAGEM DON JUAN

Em 1630, Don Juan aparece pela primeira vez em *El Burlador de Sevilla*, peça escrita pelo monge e dramaturgo espanhol Tirso de Molina, a qual adverte sobre os perigos do ateísmo.

O Don Juan de Tirso de Molina é um herói rebelde, impulsivo e compelido à aventura. Duas décadas mais tarde, a peça chega à Itália e é encenada pela *Commedia dell'arte*, que enfatiza as proezas sexuais de Don Juan, transforma o criado em um trapaceiro italiano, e acrescenta novas pilhérias e personagens cômicas. O Don Juan italiano é egocêntrico, controlado por apetites desmedidos e implacável na conquista de seus prazeres sexuais.

É possível que Molière tenha se baseado no Don Juan italiano para criar seu personagem. Em sua versão, Don Juan começa sedutor e, num crescendo, revela-se ateu, libertino e hipócrita. Apesar desses traços, Molière não cria um personagem completamente mau e lhe confere a generosidade de sua casta.

Mais do que a narrativa sobre as conquistas amorosas de um devasso, Molière compõe um ensaio sobre a hipocrisia. Seu Don Juan é capaz de grandes maldades e, pela astúcia, transforma, com as palavras, seus defeitos em virtudes. Seus galanteios o predispõem à hipocrisia — o maior de todos os seus vícios. Sempre a seu lado, está Leporelo, a *persona* moral, que faz ver ao público o malfeito do seu patrão; a própria inépcia de Leporelo é advertência ao excesso de discurso e de estudo, que levam Don Juan às inverdades e pecados do ateísmo e da luxúria.

O personagem Don Juan é reinventado na Europa, em peças, histórias, poemas épicos, óperas, balés, sob diversos nomes: Don Juan, Don John e Don Giovanni. Com o decorrer do tempo são introduzidos novos personagens, episódios, dramas, e Don Juan ganha novas personalidades.

Como Molière, muitos outros reencenaram o tema e o enredo de Don Juan — Pierre Corneille (1677), Carlo Goldoni (1736), Christoph Willibald Gluck (1761), Wolfgang Amadeus Mozart (1787), E.T.A. Hoffman (1813), George Gordon Byron (1821), Alexandre Pushkin (1830), Charles Baudelaire (1861), Richard Strauss (1889) e George Bernard Shaw (1903).

DON JUAN
OU
O CONVIDADO DE PEDRA

Comédia
Representada pela primeira vez em 15 de fevereiro de 1665, no Teatro da Sala do Palácio Real, pela trupe de Senhor Irmão Único do Rei.

Personagens

DON JUAN, *filho de Don Luís*
LEPORELO, *criado de Don Juan*
DONA ELVIRA, *mulher de Don Juan*
GUSMÃO, *escudeiro de Dona Elvira*
DON CARLOS e DON ALONSO, *irmãos de Dona Elvira*
DON LUÍS, *pai de Don Juan*
FRANCISCO, *um pobre*
CARLOTA e MARTURINA, *camponesas*
PIERRÔ, *camponês*
A ESTÁTUA DO COMENDADOR
VIOLETA e RAGOTIN, *criados de Don Juan*
SENHOR DOMINGOS, *comerciante*
LA RAMÉE, *espadachim*
SÉQUITO DE DON JUAN
SÉQUITO DE DON CARLOS E DON ALONSO
Um ESPECTRO

A ação se passa na Sicília.

Ato I

Em um castelo.

Cena 1

LEPORELO e GUSMÃO.

LEPORELO — (*Com uma tabaqueira na mão.*) Diga o que diga Aristóteles e toda a Filosofia, não há nada igual ao rapé. É a paixão dos nobres. Quem vive sem rapé não é digno de viver. O rapé não apenas alegra e purifica os cérebros humanos,[1] mas conduz a alma à virtude. Com o rapé aprende-se a ser um homem refinado. Não se dão conta, enquanto o consumimos, de que maneira elegante nos comportamos com todos e com que graça o oferecemos à esquerda e à direita, ali, onde nos encontramos? Antes mesmo que nos solicitem, antecipamos o desejo alheio — tanto é assim que o rapé inspira sentimentos de honra e virtude a todos que o usam. Mas já chega

---

[1] No século XVII, há controvérsias em relação ao tabaco. Uns o consideram remédio, outros "paraíso artificial" perigoso ou ainda uma mania sem consequência. Os médicos o consideram um bom remédio para ser usado com discernimento. Como remédio, em 1635, apenas os farmacêuticos podem vendê-lo. É também fumado nas "tabernas de tabaco", transformadas por seus mantenedores em bordéis de prostituição. Já o rapé é menos hostilizado. Seus amantes mais exigentes carregam um rolo de tabaco no bolso, que é moído e queimado na medida em que desejam. É desse modo que Leporelo o fuma. O texto de Molière parece ser o primeiro, ou um dos primeiros, a constatar a moda do rapé.

desse assunto. Voltemos à nossa conversa. Quer dizer então, caro Gusmão, que Dona Elvira, sua patroa, surpreendida com nossa partida repentina, meteu o pé na estrada e veio atrás de nós? Com seu coração profundamente tocado por meu patrão, ela não resistiu ao impulso de vir cercá-lo aqui. Cá entre nós, quer que eu diga sinceramente o que acho? Temo que ela seja mal-paga por esse amor, que sua viagem a esta cidade produza pouco fruto e que mais lhes teria valido ficar onde estavam.

GUSMÃO — E por qual razão? Eu imploro, Leporelo, o que inspira um medo tão funesto? Seu patrão abriu seu coração sobre esse assunto e lhe disse ter alguma coisa contra nós que o obrigasse a partir?

LEPORELO — Não, absolutamente. Mas, pelo panorama, já conheço o andar da carruagem. Sem que ele me tenha dito nada, reafirmo o que eu lhe disse. Posso até me enganar, mas a experiência me ensinou muito nesse assunto.

GUSMÃO — Como?! Essa partida sem qualquer aviso é devida a uma infidelidade de Don Juan? Seria ele capaz de tal ofensa ao casto amor de Dona Elvira?

LEPORELO — Não, é que Don Juan é ainda muito jovem e não tem valor...

GUSMÃO — Um homem de sua condição[2] seria capaz de ação tão vil?

LEPORELO — Ah, sim, sua condição! Não será essa a razão que o impedirá de fazer o que lhe agrada.

---

[2] Quando o personagem diz "um homem de sua condição", refere-se à nobre linha g em a que pertence Don Juan.

GUSMÃO — Mas ele está comprometido pelos santos laços do matrimônio.

LEPORELO — Eh! Gusmão, meu pobre amigo, confie em mim. Você ainda não sabe quem é esse homem, esse Don Juan.

GUSMÃO — Não sei mesmo que homem ele pode ser, se nos fez tal perfídia. Não compreendo como depois de tanto amor e tantas demonstrações de impaciência, tantas homenagens, tantos votos, tantos suspiros e lágrimas, tantas cartas apaixonadas, protestos ardentes e repetidos juramentos; enfim, depois de ter demonstrado tanto ímpeto e arrebatamento até forçar, com sua paixão, o obstáculo sagrado de um convento, a fim de se apossar de Dona Elvira, não compreendo, repito, como, depois de tudo isso, ele teria tido coragem de faltar com sua palavra.

LEPORELO — Pois eu não tenho a menor dificuldade em entendê-lo. Se você conhecesse o rufião, veria que é fácil para ele agir assim. Não digo que seus sentimentos por Dona Elvira tenham mudado; não estou certo disso. Você sabe que por ordem dele eu vim antes e, desde que chegou aqui, nem me dirigiu a palavra. Mas, por precaução, vou lhe dizer uma coisa, e fique aqui entre nós: nesse meu patrão, Don Juan, você verá o maior patife que existe na face da Terra, um danado, um cão tinhoso, um diabo, um turco, um herege, que não crê no Céu, nem nos santos, nem em Deus, nem no Lobisomem.[3] Vive a vida como um animal selvagem; um

---

[3]Em 1665, são raras as acusações contra feiticeiros que se transformavam em lobos como consequência de um pacto com o diabo, mas Leporelo é crédulo. Ao colocar Deus e o Lobisomem no mesmo "credo", ele compromete Deus. Daí a supressão do trecho nas edições de 1682 e 1683.

porco de Epicuro, um verdadeiro Sardanapalo, que só busca satisfações e fecha os ouvidos a todas as censuras que lhe faça o mais puro cristão. Acha idiotice tudo o que acreditamos. Você me diz que ele se casou com sua patroa. Acredite que ele teria feito ainda mais para satisfazer sua paixão. Para satisfazê-la, ele não hesitaria em se casar consigo, com seu cão e seu gato. Não lhe custa nada contrair matrimônio; é só uma armadilha para atrair as belas; é um casamenteiro de mão cheia. Senhoras e donzelas, burguesas, camponesas, para ele não há carne bem-passada ou malpassada.[4] Se eu lhe dissesse o nome de todas com quem ele se casou em diversos lugares, não terminaria até a noite. Você se surpreende e muda de cor? E isso é apenas um esboço do personagem. Para terminar o retrato, seriam necessárias ainda muitas pinceladas. Consola saber que, mais dia menos dia, a cólera do Céu desabará sobre ele. Eu preferiria ser servo do demônio a ser dele. Ele me faz ver tantos horrores que eu gostaria mesmo que ele já estivesse não sei onde. Um nobre assim tão mau é uma coisa terrível. E tenho de lhe ser fiel, embora eu o reprove; o medo em mim se confunde com zelo, transforma meus sentimentos e me força a aplaudir sempre o que minha alma repele. Mas ei-lo que vem passeando pelo palácio. Separemo-nos. Porém escuta, eu lhe fiz algumas confidências com total franqueza. Dei com a língua nos dentes. Mas, se uma palavra do que eu disse chegar ao ouvido dele, direi que você é um mentiroso.

---

[4] Todas as mulheres são seu tipo.

Cena 2

DON JUAN *e* LEPORELO.

DON JUAN — Quem era esse homem que falava com você? Parece ser o bom Gusmão, criado de Dona Elvira.

LEPORELO — Parecido, é. Tanto que poderia ser ele...

DON JUAN — O quê? É ele?

LEPORELO — O próprio.

DON JUAN — E desde quando ele está nesta cidade?

LEPORELO — Desde ontem à noite.

DON JUAN — Que ele veio fazer?

LEPORELO — Acho que o senhor adivinha mais rápido.

DON JUAN — Nossa partida brusca?

LEPORELO — O pobre diabo está aflito, me perguntando o motivo.

DON JUAN — E que você lhe respondeu?

LEPORELO — Que o senhor não me diz nada.

DON JUAN — E a mim, que você diz? Que é que acha deste caso?

LEPORELO — Acho, sem querer achar muito, que o senhor deve ter nova paixão.

DON JUAN — Acha mesmo?

LEPORELO — Sim.

DON JUAN — E sabe que você não está enganado? Devo

confessar que novo vento dissipou Elvira de meu pensamento.

LEPORELO — Meu Deus, conheço meu Don Juan como a palma da minha mão. Sei que seu coração corre pelo mundo: ele se diverte passeando de ligação em ligação, mas não permanece por muito tempo em nenhuma delas.

DON JUAN — E você não acha que estou certo de agir assim?

LEPORELO — Olha, senhor...

DON JUAN — O quê? Fale.

LEPORELO — É evidente que o senhor tem razão, se quiser ter razão; não se pode ir contra. Mas se o senhor não quisesse ter razão, eu lhe daria ainda mais razão.

DON JUAN — Fale mais claro! Dou toda a liberdade de você me dizer o que pensa.

LEPORELO — Nesse caso, senhor, lhe digo sinceramente que não aprovo seu procedimento. E que acho até bem safado amar pra lá e pra cá como o senhor faz.

DON JUAN — Não diga! Você quer que eu me ligue definitivamente ao primeiro amor, que renuncie ao mundo por ele e não tenha olhos para ninguém mais? Bela coisa, em nome de uma honra artificial, que chamam fidelidade, uma pessoa enterrar-se para sempre na cova de uma paixão e estar morta desde sua juventude a todas as outras belezas que poderiam surpreendê-la! Não, não! Ser fiel é ridículo, tolo, só serve para os medíocres. Todas as belas têm o direito de nos encantar. E a vantagem de ter sido a primeira não pode impedir as outras o direito de pretender o nosso coração. A mim, a beleza me enlouquece em qualquer lugar em que a encontre; e cedo facilmente à doce violência com que me domina. É lindo estar comprometido, mas o amor que tenho por uma beleza não impede minha alma de ser justa com as outras. Mantenho os olhos sempre abertos para o mérito de todas. E rendo sempre, a cada uma delas, as homenagens e os tributos a que a natureza me impele. Seja por que for, não posso recusar meu coração a nada do que vejo de amável; e se mil rostos formosos me pedissem, eu partiria em mil meu coração para lhes dar. As atrações nascentes têm encantos inexplicáveis, e todo o prazer do amor está na mudança. Há uma doçura extrema em subjugar, com cem galanteios, o coração de uma linda jovem, vendo, dia a dia, o progresso de nossos avanços. Invadindo, com arrebatamento, prantos e suspiros, o pudor inocente de uma alma que a muito custo se rende. Forçando, passo a passo, todas as pequenas resistências que ela nos opõe, vencendo os escrúpulos que formam sua honra, levando-a carinhosamente até onde nós queremos. Quando se é senhor mais uma vez, não há mais o que dizer ou desejar. Toda a beleza da paixão se acaba, e dormimos na tranquilidade do amor conquistado, até que outro objeto desperte nossos desejos e apresente a nosso coração os charmes irresistíveis de uma nova conquista. Enfim, não há nada tão doce quanto dobrar a resistência de uma bela mulher. Nisso tenho a ambição dos conquistadores, que voam eternamente, de vitória em vitória, jamais se resignando a limitar seus desejos. Não há nada que possa refrear a impulsividade de meus desejos. Minha vontade é seduzir a Terra inteira. Como Alexandre, desejaria que houvesse outros mundos para estender até lá minhas conquistas amorosas.

LEPORELO — Maravilha de discurso! Parece até que aprendeu isso de cor. Fala como um livro.

DON JUAN — Que você diz a respeito disso?

LEPORELO — Ora, só tenho a dizer... Não o sei; porque o senhor revira as coisas de tal maneira que parece ter absoluta razão quando não tem nenhuma. Eu tinha os mais claros pensamentos sobre o assunto, mas seu discurso embaralhou tudo. Deixa estar; em outra ocasião, trarei meus pensamentos por escrito para argumentar com o senhor.

DON JUAN — Você fará bem.

LEPORELO — Mas, senhor, está dentro da permissão que me foi dada eu me sentir um pouquinho escandalizado com o tipo de vida que o senhor leva?

DON JUAN — Como assim? Que vida eu levo?

LEPORELO — Muito boa. Mas, por exemplo, vendo-o casar todos os meses como eu vejo...

DON JUAN — E existe algo mais agradável?

LEPORELO — É verdade. Reconheço que é muito agradável e muito divertido, e eu até levaria uma vida assim, se não houvesse nada de mau nisso. Mas, meu senhor, escarnecer assim de um mistério sagrado, e...

DON JUAN — Vamos, vamos, esse é um assunto entre o Céu e eu, e resolveremos isso sem comprometer você.

LEPORELO — Ora, meu senhor, sempre ouvi dizer que é muito grave zombar do céu, e que os libertinos jamais têm um bom fim.

DON JUAN — Ah, seu tolo! Quantas vezes já lhe disse que detesto pregadores?

LEPORELO — Mas não falo assim do senhor, que Deus me livre e guarde. O senhor sabe o que faz. Se não acredita em nada, é porque isso é sua forma de crença. Mas há certos insensatos no mundo, que são libertinos sem saber porquê e posam de audaciosos, pois acham que fica bem. Não falo do senhor, não. Se eu tivesse um patrão assim, eu lhe diria claramente, olhando-o bem no olho: "Ousa o senhor zombar do Céu dessa maneira e não treme o senhor de fazer o que faz, de escarnecer das coisas mais santas? Acha que lhe fica bem, ínfimo verme da terra, lombriga desprezível (falo ao patrão do qual lhe falei), acha que pode mesmo tornar ridículo tudo o que os outros reverenciam? O senhor pensa que, por sua alta posição, por ter peruca loura e bem frisada, plumas no chapéu, roupa toda dourada e fitas cor de fogo (não falo com o senhor, falo com o outro), pensa o senhor, digo, que é melhor do que todos, que tudo lhe é permitido e que não ousariam lhe dizer a verdade, cara a cara? Aprenda comigo, que sou seu servidor, que cedo ou tarde o Céu pune os ímpios, que uma má vida conduz a uma má morte, e que..."

DON JUAN — Basta!

LEPORELO — O que acontece?

DON JUAN — Acontece que quero lhe dizer que uma nova beldade raptou meu coração e, seduzido por seus encantos, eu a segui até esta cidade.

LEPORELO — E estando aqui, meu senhor, não teme as consequências da morte do Comendador[5] que o senhor matou há seis meses?

---

[5] As ordens militares da cavalaria — Malta, São Lázaro, Calatrava, Alcântara — atribuem a alguns de seus cavaleiros o título de Comendador. Em Tirso de Molina, autor da primeira aparição de Don Juan no teatro, o Comendador era cavaleiro de Calatrava.

DON JUAN — Temer por quê? Não o matei bem?

LEPORELO — Sim, senhor, muito bem, o melhor possível; ele não teria o direito de se queixar.

DON JUAN — Fui absolvido dessa morte.

LEPORELO — Sim; mas esta absolvição talvez não apague o ressentimento de parentes e amigos, e...

DON JUAN — Ah! Não vamos pensar no mal que possa nos acontecer e vamos pensar apenas no que pode nos dar prazer. A pessoa de que lhe falo é uma jovem noiva, a mais agradável do mundo, que foi trazida aqui por aquele com quem vai casar. O acaso me apresentou a esse casal de enamorados três ou quatro dias antes de sua viagem. Jamais vi duas pessoas tão contentes uma com a outra, fazendo resplandecer tanto amor. A ternura visível desse mútuo ardor me encheu de emoção; feriu profundamente meu coração e meu amor começou por ciúmes. Sim, desde o primeiro momento não suporto vê-los juntos. O despeito despertou meus desejos, e me antecipei um prazer extremo de poder perturbar essa harmonia, romper esse laço pelo qual a sensibilidade de meu coração se sentiu ofendida. Mas até aqui todos os meus esforços foram inúteis, e vou apelar para o último recurso. O futuro esposo deve hoje presentear sua senhora com um passeio no mar. Sem lhe dizer nada, preparei tudo para satisfazer minha paixão, e tenho prontos uma pequena barca e uns homens, com os quais espero facilmente sequestrar minha bela.

LEPORELO — Ai, senhor...

DON JUAN — O quê?

LEPORELO — Esse é seu estilo e o senhor o faz como lhe

convém. Não há nada melhor neste mundo do que fazer o que nos agrada.

DON JUAN — Portanto, prepare-se para vir comigo e cuide de trazer todas as minhas armas para que... (*Vê Dona Elvira.*) Ah! Que encontro infeliz! Traidor! Não me disse que ela estava aqui.

LEPORELO — O senhor não me perguntou.

DON JUAN — Está louca? Nem se trocou e veio aqui com roupas de campo?[6]

Cena 3

DONA ELVIRA, DON JUAN, LEPORELO.

DONA ELVIRA — Don Juan, posso lhe pedir a graça de me reconhecer? E posso ao menos esperar que se digne a voltar o rosto em minha direção?

DON JUAN — Confesso, senhora, que estou surpreso e não esperava vê-la aqui.

DONA ELVIRA — Sim, vejo bem que o senhor não me esperava. Está verdadeiramente surpreso, mas de maneira muito diferente do que eu desejava. E essa sua atitude me confirma plenamente aquilo em que me negava acreditar. Admiro minha ingenuidade e a fraqueza de meu coração ao duvidar de uma traição que todas as aparências me confirmavam. Eu fui excessivamente boa, confesso, ou

[6] O primeiro ato da peça se passa dentro de um palácio, e uma roupa de campo destoa desse ambiente.

melhor, estúpida, por querer enganar a mim mesma e me esforçar para desmentir meus olhos e meu juízo. Procurei razões para explicar à minha ternura o esfriamento do afeto que ela via no senhor. Descobri, a muito custo, mil razões para sua partida precipitada, querendo absolvê-lo de um crime do qual minha razão o acusava. Minhas justas suspeitas todo dia me alertavam, mas eu rejeitava a voz que o tornava infame a meus olhos. Escutava com prazer as mil ridículas quimeras que o mostravam inocente ao meu coração. Mas, enfim, este encontro não me permite mais a menor dúvida, e o olhar com que me recebeu me diz muito mais do que eu gostaria de saber. No entanto, gostaria de ouvir de sua própria boca as razões de sua partida. Fale, Don Juan, por favor, e veremos de que hábil maneira vai se justificar.

DON JUAN — Senhora, está aí Leporelo, que sabe por que eu parti.

LEPORELO — Eu, meu senhor? Por favor, não sei nada.

DONA ELVIRA — Leporelo, fale! Não importa de que boca eu ouça a explicação.

DON JUAN — (*Fazendo sinal para que Leporelo se aproxime.*) Vamos, Leporelo, fale à senhora.

LEPORELO — Que quer que eu diga?

DONA ELVIRA — Aproxime-se, como ele ordena, e explique-me a causa de uma partida tão precipitada.

DON JUAN — Você não responderá?

LEPORELO — Não tenho o que responder. O senhor zomba de seu criado.

DON JUAN — Quer responder, por favor?

LEPORELO — Senhora...

DONA ELVIRA — O quê?

LEPORELO — (*Voltando-se para Don Juan.*) Senhor...

DON JUAN — Sim...

LEPORELO — Senhora, os conquistadores, Alexandre e os outros mundos são as causas de nossa partida. Aí está, meu senhor, tudo o que posso dizer.

DONA ELVIRA — Don Juan, o senhor poderia nos esclarecer esses belos mistérios?

DON JUAN — Para falar a verdade, senhora...

DONA ELVIRA — Ah, o senhor se defende muito mal para um homem da corte que deve estar acostumado a esse tipo de coisa! Tenho pena de vê-lo tão confuso. Não é melhor colocar no rosto a expressão de cinismo descarado? Por que não me jura que conserva por mim os mesmos sentimentos, que me ama ainda com um ardor sem igual, e que nada o separará de mim, só a morte? Por que não me diz que negócios de máxima importância o obrigaram a partir sem me avisar; que, para sua tristeza, vai ter de permanecer aqui ainda algum tempo, e que me aconselha a voltar de onde vim, jurando que seguirá meus passos assim que lhe for possível; que arde de desejo de ficar junto a mim e que longe de mim sofre um corpo separado de sua alma? Vê? É assim que deveria se defender, não ficando aí como está.

DON JUAN — Confesso-lhe, senhora, que não possuo o talento da dissimulação e que tenho um coração sincero. Eu não lhe direi que conservo sempre os mesmos sentimentos pela senhora, nem que queimo de desejos por reencontrá-la, já que é evidente que só parti para fugir da senhora; não pelas razões que lhe parecem evidentes, mas por motivo de consciência, pois não creio que poderia viver consigo em pecado. Senhora, fui assaltado por escrúpulos e abri os olhos de minha alma àquilo que eu fazia. Refleti que, para desposá-la, arranquei-a da clausura de um convento, obriguei-a a romper votos que a ligavam à outra parte, e que o Céu é muito ciumento dessa espécie de coisa. O arrependimento me dominou, e temi a cólera celestial. Percebi que nosso matrimônio era apenas um adultério disfarçado, que atrairia sobre nós alguma desgraça do Altíssimo. Senti que devia esquecê-la para que tivesse oportunidade de voltar às suas primeiras amarras. A senhora se oporia a pensamentos tão puros? Preferia que eu, retendo-a, enfrentasse o Céu, que eu...?

DONA ELVIRA — Ah, criminoso! Só agora eu o conheço por inteiro! E para minha infelicidade, o conheço quando já é tarde, e esse conhecimento serve apenas para meu desespero. Mas saiba que seu crime não ficará sem castigo e que o mesmo Céu, do qual o senhor escarnece, saberá me vingar de sua perfídia.

DON JUAN — Leporelo, o Céu!

LEPORELO — Sim, realmente, disso nós zombamos muito.

DON JUAN — Senhora...

DONA ELVIRA — Basta. Não quero ouvir mais nada e me recrimino até por ter ouvido tanto. É uma covardia permitir esmiuçar, diante de nós, nossa vergonha. Nesse assunto, um coração nobre, ao ouvir a primeira palavra, deve decidir. Não espere que eu prorrompa aqui em lamentos e injúrias: não, não dissiparei minha cólera em palavras vãs. Todo seu calor se reserva à minha vingança. Digo-lhe mais uma vez: o Céu o punirá, pérfido, do ultraje que me fez; e se o Céu não tem nada que o faça temer, ao menos tema a cólera de uma mulher ofendida.

Cena 4

DON JUAN, LEPORELO.

LEPORELO — (*À parte.*) Se ao menos tivesse remorsos!

DON JUAN — (*Após breve reflexão.*) Vamos pensar agora na execução de nossa próxima aventura amorosa.

LEPORELO — (*Só.*) Ah, que senhor abominável me vejo obrigado a servir!

Ato II

No campo, à beira-mar, perto da cidade.

Cena 1

CARLOTA, PIERRÔ.[7]

CARLOTA — Nossa Senhora, Pierrô, menos mal que você estava lá.

PIERRÔ — Meu Deus, foi por um fio que os dois num se afogaram.

CARLOTA — Foi então o pé-de-vento de manhã que entornou eles dentro d'água?

PIERRÔ — Fica quieta e escuta, Carlota, que te conto de cabo a rabo como tudo se passou; porque, como diz o outro, eu vi eles primeiro que todos, primeiro que todos eu vi eles. Estava nós dois na beirada do mar, eu e o Lucas Gordo, e nós se divertia, atirando bolotas de terra um na cabeça do outro. Você sabe como o Gordo gosta de brincadeira, e eu mais ainda. No meio da brincadeira, eu

---

[7] Estes personagens falam um patoá (dialeto essencialmente oral, que difere da língua oficial e que é empregado numa área reduzida e bem determinada pela população do lugar, geralmente no campo. Houaiss, *Dicionário Houaiss da Língua Portuguesa*, 2001). Esta tradução reproduz a língua oral sem localizá-la numa região específica e sem imitar um dialeto com perfeição (falsificação também feita por Molière, para facilitar a compreensão do texto).

apercebi longe qualquer coisa que fervilhava n'água e vinha agitando na nossa direção. Eu via aquilo fixamente e de repente eu vi que num via mais nada. "Oh, Gordo, eu disse, eu acho que aquilo ali são uns home nadando." "Cê tá vendo coisa, disse o Gordo, cê tá co'a vista turva." "Pelo amor de Deus, eu falei, tenho a vista bem clara, são uns home nadando." "De jeito nenhum, ele disse, cê olhou pro sol e tá cegado." "Quer apostar que num tô tendo alucinação, disse eu, e que são dois home?", ainda era eu. "Benza Deus, disse o Gordo, aposto que não." "Vixi! Quer apostar dez soldo que são uns home se afogando?" "Tá feito, falou o gordo, e pra mostrar que tá feito, taí o meu dinheiro." Eu, que num sou bobo nem tonto, joguei logo no chão duas moedas de um soldo mais quatro moedas em dobro[8] mais rápido do que eu bebo um jarro de vinho. Porque eu tava seguro e apostei com tudo. Eu sabia o que fazia. Tem vez que posso até ser tonto, mas bobo num sou. Nós nem tinha acabado de apostar quando os home gritava por socorro e eu pegava o ganho na aposta. "Vamo, Gordo, cê tá vendo que eles tão chamando a gente; vamo dá uma mão pra eles." "Eu não, disse o Gordo, eles me fizeram perdê. Vai você que ganhou." Bom, pra encurtar a história, eu xinguei tanto o Gordo que ele entrou comigo na canoa, fomos tirar os home que tava se afogando e levamos eles pra cabana. Eles tiraram toda a roupa, ficaram nuzinho e botamos eles pra secar. Depois ainda vieram mais dois home do bando deles, que saíram d'água sem ajuda. E foi quando apareceu a Marturina e eles olharam ela com um olhão enorme. Então é isso, Carlota, foi assim que foi.

---

[8]Para chegar a 10 soldos, Pierrô teve de alinhar duas moedas de um soldo e oito moedas de valor menor. Ou seja, para completar 10 soldos, teve de dispor de 10 moedas. Há um efeito cômico e realista neste cálculo.

CARLOTA — Escuta, Pierrô, cê num disse que tinha um que era muito mais bem feito que os outros?

PIERRÔ — Sim, é o próprio patrão. Deve ser um senhor da corte, porque suas roupa tinham ouro de cima a baixo. E os que serviam ele também eram senhores da corte. Mas por mais senhores que fossem, já não eram nada, se nós num estivesse lá pra salvar eles.

CARLOTA — Pera lá.

PIERRÔ — O quê? Meu São Benedito, se não é por nós, eles já tavam comendo terra.

CARLOTA — E eles ainda tão lá na tua cabana todos nu, Pierrô?

PIERRÔ — Não! Os outros vestiram ele todo ali mesmo, em frente da gente. Caramba! Nunca vi ninguém se vestir tanto. Quanta história e complicação esses fidalgos botam em cima![9] Se fosse eu, tinha me perdido pra sempre dentro das roupa. Eu tava mesmo abestalhado. Sabe, Carlota, eles têm até cabelo que não é grudado na cabeça. Botam por cima de tudo, como uma carapuça toda feita de cachinho. E as camisa têm umas manga tão larga que você e eu caberia dentro delas. Invés de calça, tem uma espécie de avental, que Deus me livre de tão grande; invés de colete, usam um coletinho que não chega nem no estômago. Metem ainda umas manga em cima das manga, fita e mais fita, e ainda mais fita, que dá dó de vê. Tem fita até nos sapato. E os sapato têm

---

[9] Pierrô está habituado a ver burgueses, párocos, tabeliões ou camponeses com roupas de domingo, vestidos à moda de Luís XIII, com manta branca (usada pelos magistrados, advogados, etc.) sem adornos. Don Juan e seu séquito vestem um grande casaco de rendas com borlas (pompons).

salto tão alto que eu na certa caía e quebrava o pescoço se conseguisse subi neles.

CARLOTA — Minha Virgem Santa, Pierrô, tenho que ir lá dar uma olhada nisso.

PIERRÔ — Sim, mas escuta um pouco, Carlota, tenho uma coisa pra lhe dizer.

CARLOTA — Diz, o que é?

PIERRÔ — Cê vê, Carlota? Tenho que esvaziar meu coração. Eu te amo, cê sabe muito bem, e estamos pra se casar os dois juntos; mas, Santo Cristo, num tô nada satisfeito c'ocê.

CARLOTA — E por quê? Que é que tem?

PIERRÔ — Tem que cê me faz me sentir aflito.

CARLOTA — Aflito como?

PIERRÔ — Eh, miséria! Cê não me ama.

CARLOTA — Ah, é só isso?

PIERRÔ — É, só isso. E já é muito.

CARLOTA — Meu Deus, Pierrô, cê me vem sempre cum a mesma história.

PIERRÔ — Te digo sempre a mesma coisa, porque é sempre a mesma coisa. Se num fosse sempre a mesma coisa, eu não te dizia sempre a mesma coisa.

CARLOTA — Mas que é que te falta? Que é que cê quer?

PIERRÔ — Raios! Quero que cê me ame!

CARLOTA — E eu num te amo?

PIERRÔ — Não. Ocê num me ama mesmo. E eu faço tudo

o que posso pra conseguir isso. Eu te compro, sem pechinchá, as fitas de todos os vendedor que passam. Torço o meu pescoço pra pegar passarinho nas árvore. Quando vem teu aniversário, chamo os violeiro pra animar tua festa. E de que adianta isso se eu dou sempre com a cara no muro? Vê bem, num é bonito nem honesto num amar quem ama a gente.

CARLOTA — Mas, meu Deus, eu te amo também.

PIERRÔ — Mas que maneira de me amar!

CARLOTA — E que ocê quer que eu faça?

PIERRÔ — Eu quero que faça como se faz quando se ama de verdade.

CARLOTA — Eu não te amo como se ama de verdade?

PIERRÔ — Não. Quando é assim, se vê logo. Os que se amam tão sempre fazendo mil reclamações e queixas por se quererem bem. Olha só como a Gorda Tomasa[10] tá toda boba com o Robin: tá sempre em volta dele, num deixa ele nunca em paz. Não tem travessura que ela num faça, nunca passa por ele sem um empurrão. Outro dia ele tava trepado na escada e ela empurrou ele com tanta força que ele mordeu a terra. É assim que fazem as pessoa que se querem. Mas você, cê num me diz uma palavra, é mais fácil eu me entender com uma pedra. Posso passar dez vezes na tua frente, que cê num me dá nem um empurrão e nem me faz nenhuma ofensa. Que raio! Num tá bom, e cê é muito fria pra mim.

CARLOTA — Que é que cê quer que eu faça? Meu jeito é assim, e eu num posso mudar.

---

[10]Tomasa é, sem dúvida, um modo dos camponeses chamarem a filha de Tomás.

PIERRÔ — Quem é assim pode ser assado. Quando a gente gosta de alguém, a gente sempre muda um pouco.

CARLOTA — Tá bom. Eu te amo tudo o que eu posso. E se você num tá contente com esse tanto, é melhor cê tratar de amar outra.

PIERRÔ — Vê que tenho razão? Se me amasse, cê me falava assim?

CARLOTA — Também cê não para de me atormentar.

PIERRÔ — Mas o que eu tô fazendo? Só te peço um pouco de carinho.

CARLOTA — Tá bem! Mas num me apressa! Pode sê que isso venha de repente, quando eu menos esperar.

PIERRÔ — (*Estende a mão num gesto simbólico de reconciliação.*) Toca aqui,[11] Carlota!

CARLOTA — Tá bem!

PIERRÔ — Promete que vai se esforçar pra me querer bem.

CARLOTA — Vou fazer tudo o que puder, mas essa coisa só vem por si. Pierrô, aquele lá é o fidalgo?

PIERRÔ — Sim, é ele.

CARLOTA — Ah, minha mãe do Céu, como ele é bonito! Que desgraça teria sido ele se afogar!

PIERRÔ — Volto logo. Vou tomar um trago pra me animar um pouco depois dessa canseira.

---

[11] No século XVII, o toque de mão sela um acordo de amizade, de noivado ou de negócios.

Cena 2

DON JUAN, LEPORELO, CARLOTA *(No fundo da cena).*

DON JUAN — Nosso golpe falhou, Leporelo, e esta tempestade imprevista afundou, com nosso barco, o plano que havíamos feito. Mas, para dizer a verdade, a camponesa que eu acabei de ver compensa essa desgraça, e encontro nela encantos que apagam de minha alma toda a tristeza que me dava o fracassado final de nosso projeto. Não posso deixar que esse coração me escape, então já preparei tudo para não ter de ficar muito tempo suspirando por ela.

LEPORELO — Senhor, confesso que o senhor me assombra. A duras penas escapamos de um perigo de morte e, em vez de dar graças ao Céu por sua divina piedade, o senhor se empenha em atrair novamente sua cólera, com suas habituais fantasias e seus amores crimino... *(Don Juan assume ar ameaçador.)* Cala-te boca! Você não sabe o que diz; e o senhor sabe o que faz. Vamos!

DON JUAN — *(Percebendo a presença de Carlota.)* Ah! Ah! De onde surgiu essa beldade, Leporelo? Você já viu algo mais belo? Não acha que essa vale bem mais que a outra?

LEPORELO — Não tenho a menor dúvida. *(À parte.)* Mais uma peça de carne fresca!

DON JUAN — *(A Carlota.)* De onde me vem, bela donzela, um encontro tão agradável? Como é possível? Nestes lu-

MOLIÈRE

gares campestres, entre estas árvores e montes, há muitas moças assim como você?

CARLOTA — É como vê, senhor.

DON JUAN — Você é desta aldeia?

CARLOTA — Sim, senhor.

DON JUAN — E vive aqui?

CARLOTA — Sim, senhor.

DON JUAN — Você se chama...?

CARLOTA — Carlota, senhor, para servi-lo.

DON JUAN — Ah, que beleza! E que olhos penetrantes os seus!

CARLOTA — Cavalheiro, o senhor me deixa envergonhada.

DON JUAN — Ah! Não tenha vergonha de ouvir lhe dizer uma verdade. Que me diz, Leporelo? Pode alguém ter visão mais agradável? Vire-se um pouco, assim, por favor, assim... Ah! Como é bonito esse talhe de cintura! Erga um pouco a cabeça, por favor. Isso! Que rosto lindinho! Abra bem os olhos. Ah! Como são belos! Deixa eu ver os dentes, lhe peço só mais isso. Ah! Como não amá-los? E esses lábios apetitosos! Quanto a mim, estou fascinado, nunca vi mulher tão encantadora.

CARLOTA — O senhor parece gostar de dizer essas coisas, mas acho que é só pra zombar de mim.

DON JUAN — Eu, zombar de você? Deus me livre! Eu a amo demais para isso, e é do fundo do coração que lhe falo.

CARLOTA — Estou muito grata,[12] se é sincero.

DON JUAN — De modo algum. Não tem que agradecer pelo que digo; tem que agradecer à sua beleza.

CARLOTA — Senhor, tudo o que fala é bonito pra mim e eu nem tenho palavras para lhe responder.

DON JUAN — Leporelo, olhe só essas mãos!

CARLOTA — Deus do Céu, senhor, elas estão pretas que nem sei.

DON JUAN — Ah! Que é que você está dizendo? Elas são as mais belas do mundo. Permita que eu as beije.

CARLOTA — Senhor, me faz honra demais. Se eu soubesse disso antes, eu tinha lavado as mãos com farelo.

DON JUAN — E me diga, Carlota, você não é casada, é?

CARLOTA — Não, senhor; mas logo estarei casada com Pierrô, o filho da vizinha Simoneta.

DON JUAN — O quê? Uma moça como você ser esposa de um simples camponês? Não, não: é profanar tanta beleza. Você não foi feita para viver numa aldeia. Não há dúvida alguma de que merece destino melhor. E o Céu, que tudo sabe, me enviou até aqui para impedir esse casamento e fazer justiça a seus encantos; porque, enfim, linda Carlota, eu a amo de todo meu coração, e só depende de você que eu a tire deste lugar miserável e a coloque na posição que merece. Este amor é bem súbito, sem dúvida, mas fazer o quê? É apenas efeito natural de sua grande beleza. Pode-se, em quinze minutos, amá-la tanto quanto se amaria outra em seis meses.

---

[12]Carlota se esforça para falar um português correto a Don Juan; no entanto, não tem a mesma preocupação ao se dirigir a Pierrô.

CARLOTA — Verdade, senhor, é que não sei o que fazer ouvindo o senhor falar. O que o senhor diz me agrada muito e queria acreditar em tudo. Mas sempre me ensinaram que num se deve acreditar nos fidalgo,[13] que todo fidalgo é um enrolador que só quer enganar as rapariga.

DON JUAN — Eu não sou desses.

LEPORELO — (*À parte.*) Ele é esse!

CARLOTA — O senhor sabe que a gente não gosta de ser enganada. Eu sou uma pobre camponesa, minha honra é minha recomendação. Eu preferia ser morta do que ser desonrada.

DON JUAN — Mas vê em mim uma alma tão perversa para abusar de uma pessoa como você? Pareço tão infame que queira desonrá-la? Não, não, tenho escrúpulo demais e não me deixaria fazer nada parecido. Eu a amo, Carlota; eu a quero honestamente. Para mostrar que falo a verdade, saiba que tenho a intenção de me casar com você. Posso lhe oferecer prova maior? Estarei pronto quando você estiver, casarei quando você quiser — e este homem é testemunha da palavra que empenho.

LEPORELO — Não, não tenha receio. Ele se casará com você tanto quanto você quiser.

DON JUAN — Ah! Carlota, sei bem que você ainda mal me conhece. Mas me causa infinita tristeza perceber que me julga pelos outros; se há tratantes no mundo, patifes cujo único objetivo é abusar de donzelas, não me ponha entre eles e não duvide da sinceridade do que digo. Além disso, sua beleza a protege de tudo. Quando se é feita como você, pode-se estar acima de todos os temores;

---

[13] É espantoso que Carlota comece subitamente a falar o patoá. Seria a emoção?

você não tem a aparência de alguém de quem se abusa. E, quanto a mim, esteja certa que daria mil punhaladas no meu próprio peito, se eu tivesse o menor pensamento de traí-la.

CARLOTA — Ai, meu bom Deus! Não sei se o senhor fala verdade ou não; mas, da maneira que diz, faz com que a gente acredite.

DON JUAN — Quando você me acreditar, seguramente me fará justiça; e reitero ainda a promessa que lhe fiz. Não o aceita, não quer consentir ser minha esposa?

CARLOTA — Sim, contanto que minha tia aceite.

DON JUAN — Então, dê-me a mão, Carlota, já que de sua parte você quer.

CARLOTA — Mas ao menos, senhor, não vá me enganar, por favor. Isso pesaria em sua consciência. E o senhor vê como me caso de boa-fé.

DON JUAN — Como? Parece que você duvida ainda de minha sinceridade! Quer que eu lhe faça terríveis juramentos? Pois, então, que o Céu...

CARLOTA — Pelo amor de Deus, não jura! Eu acredito.

DON JUAN — Dê-me então um beijinho em prova de sua palavra.

CARLOTA — Ah, não! Senhor, espere que estejamos casados, por favor. Depois disso, eu o beijarei quantas vezes quiser.

DON JUAN — Pois bem, linda Carlota, só quero o que você quiser; mas me dê pelo menos sua mão para que eu expresse com mil beijos o estado de arrebatamento em que me encontro.

Cena 3

DON JUAN, LEPORELO, PIERRÔ, CARLOTA.

PIERRÔ — (*Metendo-se entre os dois, empurrando* DON JUAN.) Devagar, seu fidalgo, parado, por favor. O senhor está se esquentando muito e pode pegar uma pleurisia.

DON JUAN — (*Empurrando (Pierrô) com força.*) De onde é que me saiu esse insolente?

PIERRÔ — (*Metendo-se entre Don Juan e Carlota.*) Lhe digo para se conter e num fazer carinho nas nossas noiva.

DON JUAN — (*Continuando a empurrar Pierrô.*) Ah, pare com esse barulho!

PIERRÔ — Barulhada é a sua! Num s'empurra assim uma pessoa.

CARLOTA — (*Segurando Pierrô pelo braço.*) Eh! Para cum isso, Pierrô!

PIERRÔ — Pará cum quê? Eu é que paro? Num paro não!

DON JUAN — Ah!

PIERRÔ — Ora essa! Só porque o senhor é um fidalgo pensa que pode boliná nossas mulher nas nossa barba? Vai acariciar as sua!

DON JUAN — Como?

PIERRÔ — Como?! (*Don Juan lhe dá uma bofetada.*) Desgraçado! Num me bate! (*Don Juan lhe dá outro tapa.*) Safado! (*Outra bofetada.*) Lazarento! Asqueroso! Num se bate assim nas pessoa. E isso num é recompensa por eu ter lhe desafogado.

CARLOTA — Pierrô, num se aborreça.

PIERRÔ — Mas eu quero me aborrecê! E cê é uma mulher muito má por deixar que esse aí te apalpe.

CARLOTA — Ô, Pierrô, num é isso que cê pensa. Esse senhor quer se casar comigo, e cê num deve si aborrecê com isso.

PIERRÔ — Como é? Cê num é minha prometida?

CARLOTA — Isso num importa, Pierrô. Se me ama, não tem de ficar alegre d'eu virar uma senhora?

PIERRÔ — Vai pro inferno! Prefiro te vê morta do que nas mãos de outro.

CARLOTA — Vai, vai, Pierrô! Não seja teimoso. Se eu for senhora, cê vai ganhar bastante. O quejo e a mantega, cê é que vai fornecer pra nossa casa.

PIERRÔ — Mas que sacripanta! Num forneço nunca! Nem se você me pagava em dobro. E então é assim que cê tá escutando tudo o que ele diz? Que porcaria! Se eu soubesse antes, eu ficava só olhando; nunca ia tirar ele de dentro d'água e dava uma boa remada na cabeça dele.

DON JUAN — (*Aproximando-se de Pierrô para bater de novo.*) Que é que você disse?

PIERRÔ — (*Escondendo-se atrás de Carlota.*) Sacripanta! Eu num tenho medo de ninguém!

DON JUAN — (*Passando para o lado onde está Pierrô.*) Espera e vai ver!

PIERRÔ — (*Passando para o outro lado de Carlota.*) Você me faz rir.

DON JUAN — (*Tentando pegar Pierrô.*) Pois vou fazê-lo rir!

PIERRÔ — (*Salvando-se ainda atrás de Carlota.*) Eu num acho graça!

DON JUAN — Eu pego!

LEPORELO — Eh, senhor, deixa pra lá esse pobre desgraçado! Se bater nele, vai ficar com a consciência pesada. Escute, meu pobre rapaz, vai embora e não lhe diga mais nada.

PIERRÔ — (*Passa na frente de Leporelo e diz, com raiva, a Don Juan.*) Uma coisa eu vô lhe dizer.

DON JUAN — (*Levanta o braço para esbofetear Pierrô.*) Toma, pra aprender! (*Pierrô abaixa a cabeça e é Leporelo quem leva a bofetada.*)

LEPORELO — (*Olhando Pierrô.*) Que o diabo lhe carregue, chifrudo!

DON JUAN — (*A Leporelo.*) Eis o prêmio de sua caridade!

PIERRÔ — Desgraçada! Vô contar tudo pra sua tia.

Cena 4

DON JUAN, CARLOTA, LEPORELO.

DON JUAN — (*A Carlota.*) Enfim, serei o homem mais feliz do mundo! Não trocaria minha felicidade por todas as coisas do mundo. Quantos prazeres quando eu a tornar minha mulher, e que...

Cena 5

DON JUAN, LEPORELO, CARLOTA, MARTURINA.

LEPORELO — (*Percebendo Marturina.*) Ah! Ah!

MARTURINA — (*A Don Juan.*) Cavalheiro, que é que o senhor faz aqui com Carlota? Será que o senhor também fala de amor com ela?

DON JUAN — (*Baixo, a Marturina.*) Não, pelo contrário, ela quem me dizia do desejo de ser minha mulher, e eu lhe respondi que estou comprometido com você.

CARLOTA — (*A Don Juan.*) O que quer de você essa Marturina?

DON JUAN — (*Baixo, a Carlota.*) Ela está com ciúme por me ver falando com você. Quer que eu me case com ela, mas eu lhe disse que só amo você.

MARTURINA — O quê?! Carlota...

DON JUAN — (*Baixo, a Marturina.*) Tudo o que você lhe disser será inútil; ela meteu isso na cabeça.

CARLOTA — Como é que pode?! Marturina...

DON JUAN — (*Baixo, a Carlota.*) Não adianta falar com ela. Não há meio de livrá-la dessa fantasia.

MARTURINA — Será possível que...

DON JUAN — (*Baixo, a Marturina.*) Não há modo de fazê-la recuperar a razão.

CARLOTA — Eu só queria...

MOLIÈRE

DON JUAN — (*Baixo, a Carlota.*) É obstinada como todos os diabos.

MARTURINA — Realmente...

DON JUAN — (*Baixo, a Marturina.*) Não lhe diga nada, é uma louca.

CARLOTA — Eu acho...

DON JUAN — (*Baixo, a Carlota.*) Esqueça a pobre, é uma extravagante.

MARTURINA — Não, não; é preciso que eu lhe fale.

CARLOTA — Quero saber o que ela pretende.

MARTURINA — O quê?

DON JUAN — (*Baixo, a Marturina.*) Aposto que ela vai lhe dizer que lhe prometi casamento.

CARLOTA — Eu...

DON JUAN — (*Baixo, a Carlota.*) Vamos apostar que vai jurar que lhe dei palavra de que ela será minha mulher.

MARTURINA — Oh, Carlota, é muito feio correr atrás da mercadoria de outra!

CARLOTA — E você acha bonito, Marturina, essa ciumeira só porque o senhor me fala?

MARTURINA — Acontece que ele me viu primeiro.

CARLOTA — Se ele viu você primeiro, ele me viu segundo e prometeu se casar comigo.

DON JUAN — (*Baixo, a Marturina.*) Viu? O que eu lhe disse?

MARTURINA — Ora, vai passear! Foi comigo, não com você, que ele se comprometeu.

DON JUAN — (*Baixo, a Carlota.*) Eu não lhe avisei?

CARLOTA — Conta outra, por favor. Ele escolheu a mim, eu lhe digo.

MARTURINA — Você está brincando! Ele escolheu a mim, lhe repito!

CARLOTA — Mas ele está aí pra lhe dizer se eu não tenho razão.

MARTURINA — E ele está aí pra me desmentir, se eu não falo verdade.

CARLOTA — É verdade, senhor, que o senhor prometeu se casar com ela?

DON JUAN — (*Baixo, a Carlota.*) Está brincando comigo?

MARTURINA — É verdade, senhor, que o senhor lhe deu a palavra de ser seu marido?

DON JUAN — (*Baixo, a Marturina.*) Como você pode pensar uma coisa dessas?

CARLOTA — Mas ela sustenta isso.

DON JUAN — (*Baixo, a Carlota.*) Deixe que ela sustente.

MARTURINA — O senhor vê que ela garante!

DON JUAN — (*Baixo, a Marturina.*) Deixe que ela garanta.

CARLOTA — Não, não! Temos de saber a verdade.

MARTURINA — E decidir isso agora.

CARLOTA — Muito bem, Marturina; o senhor vai mostrar a tonta que você é.

MARTURINA — É, Carlota, e eu quero que o senhor a faça ficar envergonhada.

CARLOTA — Por favor, senhor, clareie a questão.

MARTURINA — Decida o acordo, senhor.

CARLOTA — (*A Marturina.*) Você vai ver.

MARTURINA — (*A Carlota.*) Escuta só.

CARLOTA — (*A Don Juan.*) Diga.

MARTURINA — (*A Don Juan.*) Fala.

DON JUAN — (*Embaraçado, falando às duas. Seus gestos se referem, sempre dubiamente, às duas. Vai se dirigindo a uma e a outra o tempo todo.*) Que querem que eu diga? Ambas garantem que eu lhes prometi casamento. Mas será que nenhuma das duas sabe o que significa uma promessa, sem que eu tenha que explicar? Por que me obrigar a repetir o que disse? Aquela a quem prometi efetivamente não tem em si mesma razões para rir das pretensões da outra? Teme se vou, ou não, cumprir minha promessa? As palavras não fazem avançar a questão; é preciso fazer, não falar. As ações decidem mais do que palavras. Veremos, no dia de nosso casamento, aquela entre as duas que tem meu coração. (*Baixo, a Marturina.*) Deixe ela acreditar que é ela. (*Baixo, a Carlota.*) Deixe-a se acalmar em sua própria imaginação. (*Baixo, a Marturina.*) Eu te adoro. (*Baixo, a Carlota.*) Sou todo teu. (*Baixo, a Marturina.*) Todos os rostos são feios perto do seu. (*Baixo, a Carlota.*) Nem posso olhar as outras desde que te vi. (*Alto.*) Tenho que tomar algumas providências; estarei de volta em quinze minutos. (*Sai.*)

Cena 6

CARLOTA, MARTURINA, LEPORELO.

CARLOTA — (*A Marturina.*) Como você vê, sou a que ele ama.

MARTURINA — (*A Carlota.*) Como você vê, ele vai se casar comigo.

LEPORELO — Ah, pobres meninas! Tenho pena de ver sua inocência e não posso aguentar ver vocês correrem para sua desgraça. Creiam-me, uma e outra: não se deixem enganar pelos discursos que lhes fazem e continuem vivendo em sua aldeia.

Cena 7

DON JUAN, CARLOTA, MARTURINA, LEPORELO.

DON JUAN — (*Voltando. No fundo, à parte.*) Gostaria muito de saber por que Leporelo não me acompanha.

LEPORELO — Meu patrão é um salafrário. Está tentando abusar de vocês, como já abusou de tantas outras. Casa com toda a espécie humana, e... (*Percebe Don Juan.*) Isso é falso; e a qualquer um que diga isso vocês têm de reagir dizendo que espalha uma mentira. Meu patrão não se casa com todas, ele não é salafrário, não tem intenção

MOLIÈRE

de enganá-las e jamais enganou ninguém. Ah, olha, aí está ele! Perguntem a ele mesmo.

DON JUAN — (*Olhando firme para Leporelo e suspeitando do que este falou.*) O que foi?

LEPORELO — Senhor, como o mundo é cheio de maledicentes, eu estava procurando me adiantar a eles. Eu lhes dizia que, se alguém lhes viesse falar mal do senhor, reagissem, não acreditando em nada e lhe dizendo que ele mentiu.

DON JUAN — Leporeeeeelo!

LEPORELO — Sim, o senhor é um homem de valor, eu lhes garanti isso.

DON JUAN — Eh!

LEPORELO — São os impertinentes de sempre.

Cena 8

DON JUAN, LA RAMÉE, CARLOTA, MARTURINA, LEPORELO.

LA RAMÉE — (*Baixo, a Don Juan.*) Senhor, venho avisá-lo de que não faz tempo bom para o senhor nesta região.

DON JUAN — Como assim?

LA RAMÉE — Doze homens a cavalo o procuram e devem chegar a qualquer momento. Não sei por que meio eles podem tê-lo localizado. Eu soube por um camponês que foi interrogado por eles e ao qual descreveram exatamente o senhor. O tempo urge, e o mais rápido que o senhor puder sair daqui será melhor.

Cena 9

DON JUAN, CARLOTA, MARTURINA, LEPORELO.

DON JUAN — (*A Carlota e Marturina.*) Um negócio urgentíssimo me obriga a partir, mas eu suplico que se lembrem da palavra que empenhei. Mandarei notícias minhas amanhã, antes que seja noite.

Cena 10

DON JUAN, LEPORELO.

DON JUAN — Como a jogada não é igual, é preciso usar um estratagema que evite a desgraça que se aproxima. Você, Leporelo, vestirá minhas roupas e eu...

LEPORELO — Está brincando, meu senhor. Expor-me a morrer nas suas roupas e...

DON JUAN — Depressa, vamos. É uma honra que lhe concedo. Afortunado o servo que pode atingir a glória de morrer por seu senhor.

LEPORELO — Agradeço-lhe por tal honra. (*Só.*) Oh, Céu, já que se trata de morte, pelo menos dá-me a graça de morrer como eu mesmo!

Ato III

Uma floresta.

Cena 1

DON JUAN *(em hábito de campo)*, LEPORELO *(vestido de médico)*.

LEPORELO — Deve reconhecer, senhor, que eu tinha razão e que estamos, um e outro, maravilhosamente disfarçados. Sua primeira intenção não funcionaria de jeito nenhum, e assim nos escondemos muito melhor do que o senhor queria fazer.

DON JUAN — É verdade que isso lhe cai bem. Onde você arranjou este traje ridículo?

LEPORELO — É? Era de um velho médico que o deixou empenhado no lugar onde eu o peguei. E me custou dinheiro para consegui-lo. O senhor sabe que esta roupa me dá prestígio, que sou cumprimentado pelas pessoas que encontro, e que algumas até vêm me consultar como um homem sábio?

DON JUAN — Como assim?

LEPORELO — Cinco ou seis camponeses e camponesas, ao me verem passar, vieram perguntar minha opinião sobre doenças diferentes.

MOLIÈRE

DON JUAN — E você lhes explicou que não entendia nada de doenças?

LEPORELO — Eu? De jeito nenhum. Quis conservar a honra de meu hábito. Discorri sobre a doença, e a cada um dos doentes prescrevi medicação.

DON JUAN — E que remédios você lhes prescreveu?

LEPORELO — Minha nossa, senhor, fui dizendo ao acaso. E seria muito divertido se os doentes se curassem e viessem aqui me agradecer.

DON JUAN — E por que não? Por que razão você não teria os mesmos privilégios que têm todos os outros médicos? Garanto que eles não contribuem mais que você para a cura dos doentes. Tudo o que fazem é um jogo de cena. Eles só recebem a glória de seus êxitos felizes; assim como você também pode se aproveitar do bem-estar do doente e ver atribuir a suas receitas tudo o que pode vir do acaso e das forças da natureza.[14]

LEPORELO — Como, senhor? Não acredita sequer na medicina?

DON JUAN — É um dos maiores erros que existe entre os seres humanos.

LEPORELO — Quê? Você não acredita nos laxativos, nem nos diuréticos, nem nos vomitórios?

DON JUAN — E por que deveria acreditar?

LEPORELO — O senhor tem uma alma realmente desacre-

---

[14] A ideia está em Montaigne, Ensaios, II, XXXVII: "(...) o que a fortuna, o que a natureza ou qualquer outra causa estrangeira (cujo número é infinito) produz em nós de bom e salutar, é privilégio da medicina atribuir-se. Todos os êxitos felizes que acontecem ao paciente sob seu regime, são creditados à medicina."

ditada. Mas faz tempo que laxativos produzem resultados com grande fragor. Seus milagres converteram os espíritos mais incrédulos. Não faz nem três semanas, eu assisti, e sou eu que lhe falo, a um efeito maravilhoso.

DON JUAN — E como foi?

LEPORELO — Havia um homem que estava agonizando há mais de seis dias. Ninguém sabia mais o que lhe receitar, e nenhum remédio surtia efeito. No fim, alguém resolveu lhe dar um vomitório.

DON JUAN — E se curou, não é?

LEPORELO — Não, ele morreu.

DON JUAN — O efeito é admirável!

LEPORELO — O senhor não acha? Havia seis dias e seis noites que ele não conseguia morrer, e isso o fez morrer de uma vez só. O senhor já viu algo mais eficaz?

DON JUAN — Tem razão.

LEPORELO — Mas vamos deixar a medicina, na qual o senhor não acredita, para falar de outras coisas. Este hábito me aguça a inteligência e me dá vontade de discutir com o senhor. Lembre-se de que o senhor me permitiu discussões e me proibiu apenas as censuras.

DON JUAN — Pois bem!

LEPORELO — Gostaria de conhecer um pouco seus pensamentos a fundo. É possível que o senhor não acredite de modo algum no Céu?

DON JUAN — Pule essa.

LEPORELO — Isso quer dizer que não. E no inferno?

DON JUAN — Eh! Eh!

LEPORELO — Da mesma maneira. E no diabo, por favor?[15]

DON JUAN — Bem, bem...

LEPORELO — Tampouco. Não acredita em outra vida?

DON JUAN — Ah! Ah! Ah!

LEPORELO — É, o senhor me parece um homem difícil de converter. E me diz aqui, qual sua opinião sobre almas penadas? Eh!

DON JUAN — Que o diabo as carregue!

LEPORELO — Isso é o que não posso entender, porque não há nada mais verdadeiro que uma alma penada; ponho minha mão no fogo por isso. Mas é preciso acreditar em alguma coisa neste mundo. Em que o senhor acredita?

DON JUAN — Em que acredito?

LEPORELO — Sim.

DON JUAN — Eu acredito que dois e dois são quatro, Leporelo, e que quatro e quatro são oito.

LEPORELO — Bela crença essa aí! Sua religião, pelo que vejo, é a aritmética? É preciso reconhecer que a cabeça humana engendra estranhas loucuras. E que, em geral, quanto mais estudamos, muito menos sensatos fica-

---

[15] Crer no diabo e no inferno, assim como em Deus e no paraíso, é uma obrigação para um cristão. Em 27 de março de 1624, Théophile de Viau, acusado de libertinagem, foi submetido a interrogatório, durante o qual se defendeu dizendo acreditar em Deus, no diabo, no paraíso e no inferno. Para fazer Don Juan confessar seu ateísmo, Molière é duplamente precavido. Primeiro, Don Juan não professa o ateísmo; seu ateísmo se infere de sua recusa em responder. Segundo, a palavra Deus não é pronunciada. Céu é sinônimo, mas é menos direto. Ao contrário de seus predecessores, em Villiers (1659) e em Dorimond (1658), o Don Juan de Molière é ateu prudente e, por assim dizer, afrontoso.

mos. Eu, de minha parte, não estudei como o senhor, e ninguém pode se vangloriar de ter me ensinado nada. Mas com meu pequenino bom senso e meu parco juízo, vejo as coisas melhor do que todos os livros, e compreendo muito bem que este mundo que nós vemos não é um cogumelo que nasce sozinho no meio da noite. Eu gostaria muito de lhe perguntar quem fez essas árvores, essas rochas, essa terra e esse Céu em cima de nós, ou se todas essas coisas se fizeram sozinhas. E o senhor, por exemplo, o senhor está aí: será que o senhor se fez sozinho? Não foi preciso que seu pai engravidasse sua mãe para o senhor ser feito? O senhor pode ver todas essas invenções, das quais se compõe a máquina do homem, sem admirar a maneira como todas as peças se ajustam umas às outras? Estes nervos, estes ossos, estas veias, estas artérias, estes... Este pulmão, este coração, este fígado e todos estes outros ingredientes que estão aqui e que... Oh! Danação, me interrompa um pouco, por favor. Eu não saberia discutir se não me interrompessem. O senhor se cala de propósito e me deixa falar por pura maldade.

DON JUAN — Eu espero que você termine seu raciocínio.

LEPORELO — Meu raciocínio é que, diga o senhor o que quiser, há alguma coisa de admirável no homem, que nenhum sábio é capaz de explicar. Não é maravilhoso que estou aqui e tenho algo na minha cabeça que pensa cem coisas diferentes em um momento e é capaz de fazer do meu corpo o que bem quer? Eu bato palmas, levanto os braços, ergo meus olhos para o Céu, abaixo a cabeça, movo os pés, pra direita, pra esquerda, pra frente, pra trás, giro... (*Girando, cai no chão.*)

DON JUAN — Bem, aí está seu raciocínio de cara quebrada.

MOLIÈRE

LEPORELO — Desgraça! Eu sou muito bobo de perder tempo argumentando com o senhor. Creia no que bem entender, a mim pouco importa que o senhor seja condenado.

DON JUAN — Mas, raciocinando, acho que nos perdemos. Chame aquele homem lá embaixo para lhe perguntar o caminho.

Cena 2

DON JUAN, LEPORELO, *um* POBRE.[16]

LEPORELO — Olá! Ei, homem! Ei, meu companheiro! Ei, amigo! Uma palavrinha, por favor. Indique-nos o caminho para a cidade.

POBRE — Os senhores só têm que seguir em frente e virar à direita quando chegarem ao fundo do bosque. Mas aconselho a tomarem cuidado, porque de uns tempos pra cá, há assaltantes nos arredores.

DON JUAN — Estou muito agradecido, meu amigo, e lhe agradeço do fundo de meu coração.

POBRE — O senhor pode me ajudar com alguma esmola?

---

[16]Este pobre, que se retirou para um bosque há dez anos para rezar, remete-nos à figura de um eremita. Não é impossível que esta ideia de pagar ao pobre para que ele blasfeme tenha sido inspirada numa característica do cavaleiro de Roquelaure, libertino famoso, de linhagem nobre, que foi preso e perseguido por sua libertinagem.

DON JUAN — Ah! Ah! Pelo que vejo, seu conselho não foi desinteressado.

POBRE — Sou um coitado, senhor, retirado sozinho nesse bosque há dez anos, e não deixarei de rezar para que o Céu lhe dê toda sorte de bens.

DON JUAN — Eh! Reze para que lhe dê um casaco e não se preocupe tanto com os assuntos dos outros.

LEPORELO — Bom homem, você não conhece o meu senhor; ele só acredita que dois e dois são quatro e quatro e quatro são oito.

DON JUAN — Qual é sua ocupação no meio dessas árvores?

POBRE — Rogo a Deus todos os dias pela prosperidade das pessoas de bem que me dão alguma coisa.

DON JUAN — Então você deve estar muito bem de vida.

POBRE — Ai, senhor, estou na maior miséria do mundo.

DON JUAN — Você está brincando... Não deve faltar nada a um homem que passa o dia rezando!

POBRE — Eu garanto, senhor, que a maior parte das vezes não tenho nem um pedaço de pão pra botar na boca.

DON JUAN — Que coisa estranha! Vejo que você é mal recompensado por seus bons serviços. Ah! Ah! Vou lhe dar agora mesmo um luís de ouro, contanto que você diga uma blasfêmia.

POBRE — Ah, senhor! Por que deseja que eu cometa tal pecado?

DON JUAN — Você só tem que ver se quer ganhar um luís

de ouro ou não. Aqui está o que vou lhe dar, se você blasfemar. Toma. Mas antes, blasfeme.

POBRE — Mas, senhor!

DON JUAN — Se não for assim, não vai ganhar.

LEPORELO — Vai, vai, blasfeme um pouco, não há mal nisso.

DON JUAN — Olha, está aqui. Toma, eu já disse, mas blasfeme.[17]

POBRE — Não, senhor, prefiro morrer de fome.

DON JUAN — Vai, toma! Eu lhe dou, pelo amor da humanidade[18]. (*Olhando para a floresta.*) Mas o que é aquilo? Um homem atacado por três outros? A partida é desigual demais, e não devo sofrer essa covardia.[19] (*Empunha a espada e corre ao lugar do combate.*)

---

[17] A última determinação real contra a blasfêmia (1651, renovada em 1666) afirmava que era proibido blasfemar, jurar, detestar a Majestade Divina e proferir alguma palavra contra a honra da Santíssima Virgem sua mãe e os santos. A primeira vez, a punição é a multa; a sétima vez, pelourinho e lábio superior cortado; em seguida, língua cortada. Essas ordens eram aplicadas; a Companhia do Santo Sacramento vigiava. Don Juan incita o mendigo a cometer um crime e um pecado mortal. Ele lhe fará perder sua alma, seu direito ao paraíso; comporta-se como o Tentador (Furetière, *Dictionnaire Universel*, 1960).

[18] Humanidade tem dois sentidos possíveis: "natureza humana" ou "doçura, bondade, honestidade, ternura, que convém ter por seu semelhante". Os dois sentidos convergem. Don Juan modifica a expressão habitual "pelo amor de Deus"; ele faz uma discreta profissão de fé de ateísmo.

[19] A moral de Don Juan é cavalheiresca, não cristã.

Cena 3

LEPORELO.

LEPORELO — (*Só.*) Meu mestre é um verdadeiro louco em se expor a um perigo que nem mesmo o procurou. Mas o socorro serviu, e os dois fizeram fugir os três.

Cena 4

DON JUAN, DON CARLOS, LEPORELO (*No fundo*).

DON CARLOS — (*Espada na mão.*) Vê-se, pela fuga desses assaltantes, a eficácia de seu braço. Permita, senhor, que eu lhe renda homenagem por uma ação tão generosa, que...

DON JUAN — Não fiz nada, senhor, que o senhor não tivesse feito em meu lugar. Nossa honra está comprometida em situações como essa. E a ação desses canalhas foi tão covarde que, não atacá-los, seria tomar partido deles. Mas em que circunstância o senhor caiu no meio deles?

DON CARLOS — Por azar, me perdi de um irmão e de todos de nossa comitiva; e quando eu procurava reencontrá-los, deparei com esses bandidos, que primeiro mataram meu cavalo e, não fosse sua valentia, teriam feito o mesmo comigo.

DON JUAN — Sua intenção era ir em direção à cidade?

DON CARLOS — Sim, mas sem pretender entrar nela. Somos obrigados, meu irmão e eu, a permanecer no campo por um desses acontecimentos infelizes, que obrigam fidalgos a se sacrificar, a si mesmos e a suas famílias, à severidade das exigências de sua honra. Nessas circunstâncias, mesmo o mais recompensador sucesso é funesto, pois, se não se deixa a vida, é-se obrigado a abandonar o reino. Nisso, acho infeliz a condição de um fidalgo, pois não pode se apoiar em toda a prudência e honestidade de sua conduta, sem escapar às leis da honra estabelecidas pelo comportamento de outro. Assim, vê sua vida, seu repouso e seus bens dependerem das fantasias do primeiro temerário que se atreve a lhe fazer uma dessas injúrias, pelas quais se estabeleceu que um homem honrado deve morrer.[20]

DON JUAN — Temos a vantagem de que podemos fazer correr os mesmos riscos e passar os mesmos maus momentos aqueles que são dados à fantasia de nos fazer ofensas levianas. Mas seria uma indiscrição querer saber o que se passa?

DON CARLOS — A coisa chegou ao ponto de não se fazer mais segredo disso. Quando a injúria vem a público, nossa honra não vai querer esconder nossa vergonha, mas divulgar nosso propósito de vingança. Assim, senhor, não lhe esconderei que a ofensa de que vamos nos vingar foi feita a uma irmã seduzida e raptada de um convento, e que o autor dessa infâmia é um certo Don Juan Tenório, filho de Don Luís Tenório. Nós o estamos pro-

---

[20] A severidade das leis contra o duelo (aplicadas por Luís XIV) não podia ser censurada por Molière. Mas a moral vigente admitia que havia ocasiões nas quais o duelo era inevitável.

curando há alguns dias, e o seguimos esta manhã graças às informações de um criado que disse tê-lo visto a cavalo, acompanhado de quatro ou cinco, ao longo desta costa. Mas todos nossos esforços foram inúteis, e nós não conseguimos descobrir o que foi feito dele.

DON JUAN — E o senhor conhece esse Don Juan de que fala?

DON CARLOS — Não, eu mesmo não. Jamais o vi. Só ouvi a descrição feita por meu irmão; mas sua reputação não é boa, é tido como homem de vida...

DON JUAN — Pare, senhor, lhe peço. É um de meus amigos, e seria para mim uma espécie de covardia ouvir falar mal dele.

DON CARLOS — Em consideração ao senhor, não direi nada. E o mínimo que devo depois de ter me salvado a vida é calar-me diante do senhor a respeito de uma pessoa que conhece, quando não posso falar senão mal dela. Mas, por mais seu amigo que seja, ouso esperar que o senhor não aprove sua conduta e que não ache estranho buscarmos vingança.

DON JUAN — Pelo contrário, quero ajudá-los, poupando-lhe esforços inúteis. Sou amigo de Don Juan, não posso deixar de ser; mas não acho razoável que ele ofenda impunemente os cavalheiros, e me comprometo a que ele lhes dê satisfações.

DON CARLOS — E que satisfações existem para esse tipo de injúria?

DON JUAN — Todas as que sua honra exigir; e sem lhes dar o trabalho de procurar Don Juan, eu me obrigo a trazê-lo aqui quando melhor lhes aprouver.

MOLIÈRE

DON CARLOS — Senhor, esta esperança é bem doce para corações ofendidos. Mas, depois do que lhe devo, não me agrada nada envolvê-lo numa disputa na qual o senhor teria que tomar partido.[21]

DON JUAN — Sou tão identificado com Don Juan que não vejo como ele poderia bater-se com os senhores, sem que eu batesse a seu lado. Mas, sem rodeios, respondo por ele como por mim mesmo. E o senhor só tem que dizer quando quer que ele se apresente e lhe dê satisfações.

DON CARLOS — Que destino cruel! Fazer que eu lhe deva a vida e que Don Juan seja seu amigo?

Cena 5

DON ALONSO, *três seguidores*, DON CARLOS, DON JUAN, LEPORELO.

DON ALONSO — Deem de beber a meus cavalos e sigam-me com eles; quero andar a pé um pouco. Oh, Céus! O que vejo aqui? Como? Meu irmão, o que faz aí com nosso inimigo mortal?

DON CARLOS — Nosso inimigo mortal?

DON JUAN — (*Recuando três passos e levando furiosamente a mão à bainha da espada.*) Sim, sou Don Juan,

---

[21] Don Juan, diante dos dois duelistas, teria de posicionar-se a favor de um, tornando-se, inevitavelmente, adversário do outro. Don Carlos não gostaria de tê-lo como adversário.

ele mesmo, e a superioridade numérica não me obrigará a querer disfarçar meu nome.

DON ALONSO — Ah! Traidor, você tem que morrer e...

DON CARLOS — Ah! Pare, meu irmão. Eu devo a vida a este homem. Sem a ajuda de seu braço, eu teria sido morto por ladrões que encontrei.

DON ALONSO — E você quer que esta consideração impeça nossa vingança? Qualquer ajuda que nos preste a mão inimiga não tem mérito suficiente para comprometer nossa alma; e se medimos a obrigação com a injúria, seu agradecimento, meu irmão, é aqui ridículo. Como a honra é infinitamente mais preciosa que a vida, não devemos nada a quem nos salvou a vida se nos feriu a honra.

DON CARLOS — Irmão, sei a diferença que um fidalgo deve sempre estabelecer entre uma coisa e outra, e o reconhecimento da obrigação não apaga em mim o ressentimento pela injúria. Mas permita que eu devolva a ele o que me emprestou. Que, apenas retardando nossa vingança, lhe pague o auxílio prestado, deixando-lhe a liberdade de gozar, durante alguns dias, do fruto do ato bem praticado.

DON ALONSO — Não, não, adiar é colocar em risco nossa vingança, pois a ocasião pode jamais se repetir. O Céu a oferece aqui e cabe a nós aproveitá-la. Quando a honra é mortalmente ferida, não podemos pensar em ceder a considerações. Se lhe repugna emprestar o braço a esta ação, só tem a se retirar e deixar à minha mão a glória de tal sacrifício.

DON CARLOS — Por bondade, meu irmão...

DON ALONSO — Todos esses discursos são supérfluos. Ele deve morrer.

DON CARLOS — Pare, meu irmão, eu lhe digo. Não consentirei de modo algum que atente contra a vida dele. Juro aos Céus que o defenderei aqui contra quem for, e saberei lhe fazer uma muralha com esta mesma vida que ele salvou. Para atingi-lo, será preciso que você perfure meu corpo.

DON ALONSO — Como? Você toma partido de nosso inimigo contra mim e, em vez de sentir o mesmo que eu, mostra por ele sentimentos de amizade?

DON CARLOS — Irmão meu, mostremos moderação em uma ação legítima. Não vamos vingar nossa honra com esta fúria que o domina. Vamos conservar o domínio de nossos corações e ter uma valentia que não seja selvagem e que se conduza por uma deliberação de nossa razão, não pelo impulso da cólera cega. Não quero, irmão, permanecer devedor de nosso inimigo; tenho uma dívida para com ele que devo saldar antes de qualquer coisa. Nossa vingança, por ser adiada, não será menos gloriosa. Pelo contrário, vamos tirar vantagem dela; e esta ocasião de ter podido alcançá-la vai torná-la ainda mais justa aos olhos de todos.

DON ALONSO — Oh, que estranha fraqueza e que cegueira espantosa arriscar assim a salvação de sua honra pelo sentimento ridículo de uma obrigação quimérica!

DON CARLOS — Não, meu irmão, não se atormente. Se cometo um erro, saberei repará-lo e me responsabilizo pelo cuidado de nossa honra; sei a quanto ela nos obriga. Este adiamento de um dia, que meu reconhecimento exige, só fará aumentar o ardor de satisfazê-la. Don Juan, veja:

quero lhe devolver o que recebi. Julgue por esta prova o restante e saiba que não serei menos exato ao lhe pagar a injúria. Não quero obrigá-lo aqui a explicar seus sentimentos e lhe dou a liberdade para pensar calmamente nas decisões que deve tomar. Sabe muito bem a magnitude da ofensa que nos fez, e eu o faço juiz das reparações que isso exige. Para nos satisfazer, há meios amigáveis, e também há os violentos e sangrentos. Mas, enfim, seja qual for a escolha que você faça, tenho sua palavra de que me dará satisfações em nome de Don Juan. Cumpra essa palavra, eu lhe peço, e lembre-se de que, daqui em diante, só tenho dívidas para com minha honra.

DON JUAN — Não lhe exigi nada e vou manter o que prometi.

DON CARLOS — Vamos, meu irmão, um momento de magnanimidade não diminuirá a severidade de nossa ação.

Cena 6

DON JUAN, LEPORELO.

DON JUAN — Olá, ei, Leporelo!

LEPORELO — (*Saindo do lugar onde estava escondido.*) Senhor?

DON JUAN — Como, bandido, você foge quando me atacam?

LEPORELO — Desculpe-me, senhor, estava logo ali. Acho que este hábito é purgativo e faz efeito.

MOLIÈRE

DON JUAN — Que a peste o carregue, insolente! Cubra ao menos sua covardia com um véu mais honesto. Você sabe quem é esse de quem salvei a vida?

LEPORELO — Eu? Não.

DON JUAN — É irmão de Dona Elvira.

LEPORELO — Hum...

DON JUAN — Mas é um homem honrado; se comportou como tal e lamento ter contenda com ele.

LEPORELO — Será fácil para o senhor pacificar as coisas.

DON JUAN — Sim, mas minha paixão por Dona Elvira se extinguiu, e o compromisso não é compatível com meu gênio. Em questão de amor, você sabe, prefiro a liberdade e não me resignaria a encerrar meu coração entre quatro paredes. Eu já lhe disse vinte vezes, tenho uma inclinação natural a me deixar levar por tudo o que me atrai. Meu coração pertence a todas as belas, e cabe a elas, cada uma a seu turno, ficar com ele o tempo que puder. Mas que edifício soberbo vejo entre essas árvores?

LEPORELO — O senhor não sabe?

DON JUAN — Realmente não.

LEPORELO — Pois bem, é a tumba que o Comendador construía quando o senhor o matou.

DON JUAN — Ah! Tem razão. Não sabia que estava deste lado. Todo mundo me disse maravilhas desta obra, assim como da estátua do Comendador, e tenho vontade de ir vê-la.

LEPORELO — Senhor, não vá lá.

DON JUAN — Por quê?

LEPORELO — Não é civilizado ir ver um homem que o senhor matou.

DON JUAN — Ao contrário, é uma visita de cortesia, que ele receberá de bom grado, se é um homem galante. Vamos, entremos.
(*A tumba se abre; vê-se um mausoléu soberbo e a estátua do Comendador.*)

LEPORELO — Ah! Que coisa linda! Que belas estátuas! Que lindo mármore! Que belas colunas! Oh, que beleza! O que o senhor diz disso?

DON JUAN — Que não poderia ir mais longe a ambição de um homem morto; e o que acho mais admirável é que um homem que se contentou, durante toda sua vida, com uma modesta casa, quisesse ter uma tão magnífica quando já não tem mais necessidade.

LEPORELO — Olhe, a estátua do Comendador!

DON JUAN — Deus! Olhe que lindo,[22] nessa toga de imperador romano!

LEPORELO — Minha nossa, senhor, que bem feito. Parece que está vivo e vai falar. Ele nos lança olhares que me da-riam medo, se eu estivesse sozinho. Acho que ele não está contente em nos ver.

DON JUAN — Isso seria corresponder mal à honra que lhe faço. Pergunte-lhe se ele quer vir jantar comigo.

LEPORELO — Parece-me que é algo de que ele não necessita.

DON JUAN — Pergunte-lhe, eu disse.

---

[22] O contexto exige um tom irônico.

LEPORELO — O senhor está brincando? Seria coisa de louco ir falar com uma estátua.

DON JUAN — Faça o que eu disse.

LEPORELO — Que bizarrice! Senhor Comendador... (*À parte.*) Rio de minha idiotice, mas é meu patrão que me manda perguntar. (*Alto.*) Senhor Comendador, meu patrão Don Juan lhe pergunta se o senhor quer lhe dar a honra de vir jantar com ele. (*A estátua abaixa a cabeça.*) Aaaaah!

DON JUAN — O que foi? O que você tem? Fale de uma vez! Quer falar?

LEPORELO — (*Faz o mesmo sinal que a estátua lhe fez.*) A estátua...

DON JUAN — Muito bem! O que quer dizer, traidor?

LEPORELO — Eu lhe garanto que a estátua...

DON JUAN — A estátua o quê? Se você não falar, eu...

LEPORELO — A estátua me fez um sinal.

DON JUAN — Patife!

LEPORELO — Ela me fez sinal, eu lhe juro. Verdade verdadeira. Fale o senhor com ela pra ver. Talvez...

DON JUAN — Venha, velhaco. Quero lhe mostrar bem de perto sua covardia. Olhe só. O senhor Comendador aceitaria vir jantar comigo?

(*A estátua abaixa a cabeça novamente.*)

LEPORELO — Nem por todo o ouro do mundo...[23] E então, senhor?

---

[23]Leporelo está convencido do milagre.

DON JUAN — Vamos, saiamos daqui!

LEPORELO — (*Só.*) Olha só os espíritos fortes,[24] que não querem crer em nada.

---

[24] A expressão "*esprit fort*", do original, é sinônimo de "libertino".

Ato IV

O apartamento de DON JUAN.

Cena 1

DON JUAN, LEPORELO.

DON JUAN — Seja o que for, vamos deixar aquilo: é uma bobagem. Podemos ter sido enganados por uma luz refletida ou surpreendidos por uma neblina que nos turvou a vista.

LEPORELO — Eh, senhor, não tente desmentir o que vimos com nossos próprios olhos! Não há nada mais real do que aquele sinal com a cabeça. Não tenho a menor dúvida de que o Céu, escandalizado com sua vida, produziu esse milagre para convencê-lo e para que largue de vez...

DON JUAN — Escuta, se continuar me importunando com sua moralidade estúpida, se falar mais uma palavra sobre esse assunto, vou chamar alguém, vou pedir que traga um chicote, mandar três ou quatro o segurarem e vou lhe dar mil chicotadas, entendeu bem?

LEPORELO — Entendi muito bem, senhor, da melhor maneira do mundo. O senhor se explica claramente; o que há de bom no senhor é que o senhor não faz rodeios, diz as coisas com uma clareza admirável.

DON JUAN — Vamos, que me sirvam o jantar o mais rápido possível. Menino, uma cadeira!

Cena 2

DON JUAN, VIOLETA, LEPORELO.

VIOLETA — Senhor, está aí o Senhor Domingos, seu fornecedor.[25] Diz que precisa lhe falar.

DON JUAN — Bem, era só o que faltava a essa hora, um credor. Que ideia é essa de vir nos pedir dinheiro? Por que não disse que Don Juan não estava em casa?

VIOLETA — Faz quarenta e cinco minutos que estou dizendo isso, mas ele não quer acreditar e está sentado lá fora, esperando.

LEPORELO — Que espere o quanto quiser!

DON JUAN — Não, pelo contrário, faça-o entrar. É péssima política esconder-se dos credores. É bom lhes pagar com alguma coisa, e eu sei fazer com que eles saiam satisfeitos sem lhes dar um centavo.[26]

---

[25] Senhor Domingos talvez seja um desses fornecedores que se encarregavam de fornecer no atacado tudo o que era necessário a uma casa.

[26] A cena comporta uma amargura subjacente: Molière conhecia homens de prestígio, os quais conheciam a arte de não saldar dívidas sem serem punidos; ele sabia que um comediante que não pagasse suas contas seria preso, diferente do que acontece com Don Juan.

Cena 3

DON JUAN, SENHOR DOMINGOS, LEPORELO, SÉQUITO.

DON JUAN — (*Com exagerada recepção.*) Ah, Senhor Domingos, aproxime-se! Que emocionado estou por vê-lo, e como me irritei com meus criados que não o fizeram entrar antes. Havia lhes dado ordens de que não receberia ninguém. Mas essa ordem não é para o senhor, que tem direito a nunca encontrar a porta de minha casa fechada.

SENHOR DOMINGOS — Senhor, fico-lhe muito agradecido.

DON JUAN — Como aconteceu uma coisa dessas? Patifes, vou lhes ensinar a deixar o Senhor Domingos esperando numa antecâmara! E os farei reconhecer a dignidade das pessoas.

SENHOR DOMINGOS — Não foi nada, senhor.

DON JUAN — Como não foi nada? Dizer que eu não estou em casa ao Senhor Domingos, ao meu melhor amigo?

SENHOR DOMINGOS — Um seu criado, senhor. Eu tinha vindo para...

DON JUAN — Depressa, uma cadeira para o Senhor Domingos!

SENHOR DOMINGOS — Estou bem assim, senhor.

DON JUAN — Não, não, quero que o senhor se sente aqui junto de mim.

SENHOR DOMINGOS — Isso não é necessário.

DON JUAN — Saia desse banquinho, e tragam uma poltrona.

SENHOR DOMINGOS — O senhor está brincando, e...

DON JUAN — Não, não, sei o que lhe devo; não quero que se faça qualquer diferença entre nós.

SENHOR DOMINGOS — Senhor...

DON JUAN — Vamos, sente-se.

SENHOR DOMINGOS — Não há necessidade, senhor, e só tenho uma palavra para dizer. Eu estava...

DON JUAN — Sente-se aqui, eu disse.

SENHOR DOMINGOS — Não, senhor, estou bem. Só vim para...

DON JUAN — Não, eu não o escutarei se o senhor não estiver sentado.

SENHOR DOMINGOS — Como quiser, senhor. Eu...

DON JUAN — Sim, senhor! Senhor Domingos, o senhor está muito bem.

SENHOR DOMINGOS — Sim, senhor, para servi-lo. Vim para...

DON JUAN — O senhor tem um aspecto de saúde admirável, os lábios frescos, tez rosada e olhos vivos.

SENHOR DOMINGOS — Eu gostaria...

DON JUAN — Como vai sua esposa, a Senhora Domingos?

SENHOR DOMINGOS — Muito bem, senhor, graças a Deus.

DON JUAN — É uma mulher extraordinária.

MOLIÈRE

SENHOR DOMINGOS — Também está às suas ordens, senhor. Eu vim...

DON JUAN — E sua filhinha Claudina, como está?

SENHOR DOMINGOS — Perfeitamente bem, senhor.

DON JUAN — Que bonita é! Gosto dela de todo coração.

SENHOR DOMINGOS — Ela se sentirá honrada quando eu lhe disser isso, senhor. Mas eu...

DON JUAN — E o pequeno Colin, continua fazendo barulho com seu tambor?

SENHOR DOMINGOS — Sempre o mesmo, senhor. Eu...

DON JUAN — E seu cachorrinho Bronco, continua latindo alto e mordendo as pernas de todas as visitas?

SENHOR DOMINGOS — Mais do que nunca, senhor, e não sabemos como dominá-lo.

DON JUAN — Não se admire que eu peça notícias de toda a família, mas isso me interessa muito.

SENHOR DOMINGOS — Senhor, nós lhe somos profundamente agradecidos. Eu...

DON JUAN — (*Estendendo a mão a Domingos.*) Toque aqui, Senhor Domingos. É mesmo meu amigo?

SENHOR DOMINGOS — Sou seu servidor, senhor.

DON JUAN — Por favor, eu sou seu servidor de todo meu coração.

SENHOR DOMINGOS — O senhor me honra em demasia. Eu...

DON JUAN — Não há nada que eu não faça pelo senhor.

SENHOR DOMINGOS — O senhor demonstra por mim um excesso de bondade.

DON JUAN — E isso sem qualquer interesse, peço-lhe que acredite.

SENHOR DOMINGOS — Sem dúvida; é que não mereço. Mas, senhor...

DON JUAN — Ah, Senhor Domingos, sem cerimônia, quer jantar comigo?

SENHOR DOMINGOS — Não, senhor, tenho que voltar daqui a pouco. Eu...

DON JUAN — (*Levantando-se.*) Vamos, depressa! Uma tocha para iluminar o caminho do Senhor Domingos, e que quatro ou cinco de meus homens o escoltem armados de mosquetão.

SENHOR DOMINGOS — (*Levantando-se também.*) Não é necessário, senhor, posso ir bem sozinho. Mas...
(*Leporelo tira rapidamente os assentos.*)

DON JUAN — Não senhor! Quero que o escoltem. Sinto-me responsável por sua pessoa. Mais que seu servidor, sou seu devedor.

SENHOR DOMINGOS — Ah, senhor...

DON JUAN — É algo que não escondo e digo a todo mundo.

SENHOR DOMINGOS — E se...

DON JUAN — Quer que o acompanhe?

SENHOR DOMINGOS — Ah! O senhor está brincando. Senhor...

DON JUAN — Por favor, me dê um abraço. Peço-lhe mais

uma vez que acredite que sou seu, e que não há nada no mundo que eu não faria para lhe ser útil. (*Sai.*)

Cena 4

SENHOR DOMINGOS, LEPORELO.

LEPORELO — É preciso reconhecer que meu senhor o estima sinceramente.

SENHOR DOMINGOS — É verdade. Ele me faz tantas cortesias e tantos elogios que nunca sei lhe pedir meu dinheiro.

LEPORELO — Eu lhe garanto que todos na casa de Don Juan arriscariam a vida pelo senhor. Eu gostaria que lhe acontecesse alguma coisa, que o senhor fosse espancado a pauladas, assim o senhor veria de que maneira...

SENHOR DOMINGOS — Acredito. Mas, Leporelo, peço que você lhe dê uma palavrinha sobre meu dinheiro.

LEPORELO — Oh, não se preocupe! Ele lhe pagará da melhor maneira.

SENHOR DOMINGOS — Mas, Leporelo, você também me deve algo de sua conta particular.

LEPORELO — Eh![27] Nem vamos falar disso agora.

SENHOR DOMINGOS — Como assim? Eu...

LEPORELO — O senhor pensa que não sei o que lhe devo?

---

[27] A interjeição, aqui, deve exprimir desprezo.

SENHOR DOMINGOS — Sim, mas...

LEPORELO — Vamos, Senhor Domingos, vou iluminar seu caminho.

SENHOR DOMINGOS — Mas meu dinheiro...

LEPORELO — (*Pegando Senhor Domingos pelo braço.*) O senhor está brincando?

SENHOR DOMINGOS — Não, mas eu quero...

LEPORELO — (*Puxando-o.*) Eeeeh!

SENHOR DOMINGOS — Mas é que...

LEPORELO — (*Empurrando-o para fora.*) Ninharia.

SENHOR DOMINGOS — Tem razão, mas...

LEPORELO — (*Ainda o empurrando.*) Eh!

SENHOR DOMINGOS — Eu...

LEPORELO — (*Empurrando-o para fora do teatro.*) Eh, lhe disse, eh!

Cena 5

DON JUAN, LEPORELO, VIOLETA.

VIOLETA — (*A Don Juan.*) Meu senhor, está aí o senhor seu pai.

DON JUAN — Ah! Agora estou bem. Só faltava essa visita para me atormentar.

Cena 6

DON LUÍS, DON JUAN, VIOLETA, LEPORELO.

DON LUÍS — Sei bem que o perturbo e que você prescindiria com prazer da minha vinda. Para dizer a verdade, nos incomodamos estranhamente um diante do outro; e se você se irrita com minha presença, não me irrito menos com sua conduta. Ai de mim! Sabemos pouco o que fazemos quando não deixamos ao Céu o cuidado das coisas que nos são necessárias, quando pretendemos saber mais do que ele e o importunamos com ambições cegas e demandas inconsideradas. Desejei um filho com ardor sem igual. Implorei por ele sem descanso, com incrível veemência. E este filho, que obtive fatigando o Céu com minhas súplicas, é a ferida e o suplício desta mesma vida, da qual eu acreditava que ele seria a alegria e o consolo. Com que olhar, eu lhe pergunto, posso encarar o acúmulo de suas ações indignas, cuja maldade nos é impossível suavizar aos olhos do mundo? Essa sucessão contínua de iniquidades que a todo momento me força a apelar para a bondade do soberano, e que esgotou diante dele o mérito de meus serviços e o crédito de meus amigos? Ah, que baixeza a sua! Não enrubesce de vergonha por merecer tão pouco seu nascimento? Pensa que tem direito de tirar dele alguma vaidade? E o que fez nesse mundo para ser um fidalgo? Acredita que seja suficiente ostentar o nome e as armas, e que nos seja uma glória ser de sangue nobre, quando vivemos como infames? Não, não, o berço não é nada quando não há virtude[28]. Só par-

---

[28]Esse verso apresenta uma qualidade sentenciosa. Talvez Molière pretendesse rivalizar com uma cena de *O mentiroso* (1643), de Corneille

ticipamos da glória de nossos antepassados, na medida em que nos esforçamos para nos parecermos com eles. O brilho de seus feitos, derramado sobre nós, nos impõe o dever de honrá-los, de seguir os passos que nos traçaram e de impedir que suas virtudes degenerem, se pretendemos que nos considerem descendentes legítimos. Assim, você descende em vão de seus ancestrais. Eles o deserdam de seu sangue, e tudo o que fizeram de ilustre não lhe dá nenhuma vantagem. Pelo contrário, o brilho de suas ações só reflete em você para sua desonra, e a glória do passado é uma tocha que ilumina, aos olhos dos outros, a vergonha de sua conduta[29]. Aprenda, enfim, que um fidalgo de má vida é um monstro da natureza, que a virtude é o primeiro título de nobreza,[30] que me importa menos o nome que se assina do que as ações que se faz, e que tenho mais alta estima pelo filho honesto de um trapeiro do que pelo filho de um nobre que vive como você.

DON JUAN — Senhor, se estivesse sentado, poderia falar mais confortavelmente.

DON LUÍS — Não, insolente, não quero me sentar nem falar mais nada; e vejo bem que minhas palavras não surtem efeito em sua alma. Mas saiba, filho indigno, que, diante de seus atos, a ternura paterna esgotou seus limites. Antes do que você imagina, saberei pôr um fim a seus desregramentos, adiantar-me à cólera do Céu e la-

---

(ato V, c. III). Ele escrevia esta passagem brilhante, ao mesmo tempo que exprimia sua forte opinião.

[29] Esta passagem brilhante foi emprestada de Salústio.
[30] Outra imitação de Juvenal (Sátira VIII, v. 20).

var, com sua punição, a vergonha de tê-lo feito nascer.[31] (*Sai.*)

Cena 7

DON JUAN, LEPORELO.

DON JUAN — (*Ao pai, que já saiu.*) Eh! Morra o mais cedo que puder, é o melhor que pode fazer. É preciso que cada um tenha sua vez, e me atormenta ver pais que vivem tanto quanto seus filhos. (*Ele se joga em sua poltrona.*)

LEPORELO — Ah, meu senhor! Acho que agiu mal.

DON JUAN — (*Levanta-se de seu assento.*) Agi mal?

LEPORELO — (*Assustado.*) Senhor...

DON JUAN — Agi mal?!

LEPORELO — Sim, meu senhor, o senhor agiu mal por ter suportado o que ele lhe disse, e o senhor deveria tê-lo colocado pra fora a pontapés. Onde já se viu impertinência maior? Um pai vir repreender seu filho e lhe dizer que se corrija, que se lembre de seu berço, que viva uma vida honesta, e mais tantas outras besteiras parecidas! Como consentir que coisas como essas sejam ditas a um homem como o senhor, que sabe como viver? Admiro sua paciência. Se eu estivesse em seu lugar, eu o teria mandado passear. (*Baixo, à parte.*) Ó, maldita complacência! A quanto me obrigas!

---

[31] No século XVII, um pai tem o direito de encarcerar seu filho em Bicêtre ou Saint-Lazare.

DON JUAN — O jantar está pronto?

Cena 8

DON JUAN, LEPORELO, RAGOTIN.

RAGOTIN — Senhor, uma dama de véu deseja lhe falar.

DON JUAN — Quem poderia ser?

LEPORELO — Eu vou ver.

Cena 9

DON JUAN, DONA ELVIRA *(de véu)*, LEPO-
RELO.

DONA ELVIRA — *(Entrando.)* Não se surpreenda, Don Juan, de me ver aqui a esta hora e com essa indumentária. É motivo urgente que me obriga a esta visita, e o que tenho a lhe dizer não pode de modo algum ser adiado. Não venho aqui cheia da cólera que irrompeu há pouco, e me vê bem diferente da que eu era esta manhã.[32] Não está mais aqui aquela Dona Elvira que o amaldiçoava, cuja alma irritada só lhe lançava ameaças e respirava vingança. O Céu baniu de minha alma todos esses indignos furores que eu sentia pelo senhor, todos os arrebatamentos tumultuados de uma ligação criminosa, todos os ímpetos vergonhosos de um amor terrestre e grosseiro; ele só deixou por si em meu coração uma chama depurada de todo comércio dos sentidos, uma ternura santa, um amor desprendido de tudo, que não quer nada para si próprio e quer tudo para seu bem.

DON JUAN — *(Baixo, a Leporelo.)* Está chorando?

LEPORELO — Perdoe-me.

DONA ELVIRA — É este amor perfeito e puro que me conduziu até aqui para seu bem, para lhe transmitir um aviso do Céu e tentar salvá-lo do abismo ao qual se precipita. Sim, Don Juan, sei de todos os descomedimentos de sua

---

[32] Molière pretende esclarecer aos doutos que sua peça obedece a unidade de tempo, mas talvez também ele queira dizer que a graça transforma em pouco tempo o pecador que não lhe resiste. De agora em diante, Dona Elvira ainda ama Don Juan, mas em Deus.

vida, e esse mesmo Céu, que me tocou o coração e me fez lançar os olhos sobre todos os desvios de minha conduta, me inspirou a vir encontrá-lo e lhe dizer que suas ofensas exauriram sua misericórdia. Sua cólera assustadora está pronta para cair sobre sua cabeça, e cabe ao senhor evitá-la com um arrependimento imediato. Talvez não tenha ainda um dia para evitar a pior das desgraças.[33] Quanto a mim, não me ligo ao senhor por nenhum apego mundano; eu me libertei, graças ao Céu, de todos os meus pensamentos loucos. Resolvi me retirar do mundo e imploro apenas ter vida suficiente para poder expiar o erro que cometi e merecer, por uma penitência austera, perdão pela cegueira em que me mergulharam os arrebatamentos de uma paixão condenável. Mas, nesse retiro, sentirei uma dor extrema por saber que uma pessoa que amei ternamente tornou-se exemplo funesto da justiça do Céu; e me será uma alegria incrível, se eu puder levá-lo a desviar sua cabeça do espantoso golpe que a ameaça. Suplico-lhe, Don Juan, conceda-me como última graça esse doce consolo; não me negue sua salvação; veja que lhe peço com lágrimas nos olhos; e se o senhor não se comove pela própria sorte, comova-se, então, pelas minhas preces. Poupe-me a dor cruel de vê-lo condenado a eternos suplícios.

LEPORELO — (*À parte.*) Pobre mulher!

DONA ELVIRA — Eu o amei com uma ternura extrema, nada no mundo me foi tão caro. Esqueci meus deveres e fiz tudo pelo senhor. Toda recompensa que lhe peço é a de corrigir sua vida, prevenindo sua perdição. Salve-se, eu lhe imploro, ou por amor a si mesmo ou por amor a mim. Uma vez mais, Don Juan, lhe peço com lágrimas;

---

[33] O julgamento final.

e se as lágrimas de uma pessoa que o senhor amou não bastam, apelo para tudo o que ainda seja capaz de comovê-lo.[34]

LEPORELO — (*À parte, olhando para Don Juan.*) Coração de tigre!

DONA ELVIRA — Vou embora depois desse discurso. Isso era tudo o que eu tinha a lhe dizer.

DON JUAN — Senhora, já é tarde, fique aqui. Nós a acomodaremos da melhor maneira que pudermos.

DONA ELVIRA — Não, Don Juan, não me retenha mais.

DON JUAN — Senhora, lhe asseguro que me dará prazer se ficar.

DONA ELVIRA — Não, eu lhe disse, não percamos tempo com discursos supérfluos. Deixe-me ir embora depressa, não se preocupe em me acompanhar, e pense apenas em tirar proveito de meu aviso.

Cena 10

DON JUAN, LEPORELO.

DON JUAN — Sabe que eu ainda senti alguma emoção por ela e encontrei uma satisfação nessa novidade bizarra? Que sua roupa descuidada, o ar abandonado e

---

[34]Elvira apelou a Don Juan "por amor a si mesmo ou por amor a mim". O que resta a ele que a faça dizer "tudo o que ainda seja capaz de comovê-lo"? As amantes atuais de Don Juan, sem dúvida. É o ato de suprema abnegação da esposa injuriada.

suas lágrimas despertaram em mim alguns restos de uma chama apagada?

LEPORELO — Ou seja, as palavras dela não tiveram nenhum efeito sobre o senhor.

DON JUAN — Depressa, ao jantar!

LEPORELO — Muito bem.

Cena 11

DON JUAN, LEPORELO, VIOLETA, RAGOTIN.

DON JUAN — (*Sentando-se à mesa.*) Leporelo, é preciso começar a pensar em se emendar.

LEPORELO — (*Incrédulo.*) Sim, claro.

DON JUAN — Sim, senhor! É preciso se emendar. Vinte ou trinta anos mais desta vida, e depois pensaremos na salvação.

LEPORELO — Oh!

DON JUAN — O que você acha?

LEPORELO — Nada. O jantar está aqui.
(*Pega um pedaço do prato que os criados trazem e coloca na boca.*)

DON JUAN — Parece que você está com a bochecha inflamada. O que é isso? Fale, o que você tem?

LEPORELO — Nada.

DON JUAN — Mostre aqui. Coisa horrível! É uma fluxão que lhe saiu da bochecha. Rápido, uma lanceta para furar isso. Pobre rapaz, não pode mais! Este abcesso vai sufocá-lo. Espere, pelo visto estava maduro. Ah, bandido!

LEPORELO — Senhor, queria ver se o seu cozinheiro não tinha colocado sal ou pimenta demais.

DON JUAN — Vamos, sente-se e coma. Tenho assuntos para tratar com você depois do jantar. Pelo visto, está com fome.

LEPORELO — (*Senta-se à mesa.*) Acho que sim, senhor. Não comi nada desde manhã. Prove isto; não tem coisa melhor no mundo.
   (*Ragotin retira o prato de Leporelo assim que ele vai comer.*)

LEPORELO — Meu prato, meu prato! Devagar, por favor! Diabo! Compadre, como é hábil para servir pratos limpos! E você, Violetinha, como sabe servir a bebida!
   (*Enquanto Violeta dá de beber a Leporelo, Ragotin ainda retira seu prato.*)

DON JUAN — Quem é que está batendo assim?

LEPORELO — Que diabo vem interromper nossa refeição?

DON JUAN — Quero jantar em paz. Não deixem entrar ninguém.

LEPORELO — Deixem-me fazê-lo; eu mesmo vou.

DON JUAN — (*Vendo Leporelo assustado.*) O que você tem?

LEPORELO — (*Abaixando a cabeça como fez a estátua.*) O... que está aí!

DON JUAN — Vamos ver, vamos mostrar que nada me assusta.

LEPORELO — Ah! Pobre Leporelo, onde você vai se esconder?

Cena 12

DON JUAN, A ESTÁTUA DO COMENDADOR, LEPORELO, VIOLETA, RAGOTIN.

DON JUAN — (*Aos criados.*) Uma cadeira e talheres, depressa, por favor. (*Don Juan e a Estátua sentam-se à mesa.*)
(*A Leporelo.*) Vamos, sente-se à mesa!

LEPORELO — Não tenho mais fome, senhor.

DON JUAN — Senta aí, eu já disse. Vamos beber. À saúde do Comendador. Brindo com você, Leporelo. Tragam-lhe vinho.

LEPORELO — Senhor, não tenho sede.

DON JUAN — Beba e cante uma canção para alegrar o Comendador.

LEPORELO — Estou resfriado, senhor.

DON JUAN — Não importa. Vamos! Vocês todos (*A sua gente.*), venham, cantem com ele.

A ESTÁTUA — Basta, Don Juan. Eu o convido a vir jantar comigo amanhã. Tem coragem de aceitar?

DON JUAN — Sim, irei. Acompanhado apenas por Leporelo.

LEPORELO — Agradeço a honra, mas amanhã é dia de jejum para mim.

DON JUAN — (*A Leporelo.*) Pegue uma tocha.

A ESTÁTUA — Não há necessidade de luz a quem é conduzido pelo Céu.

Ato V

No campo.

Cena 1

DON LUÍS, DON JUAN, LEPORELO.

DON LUÍS — Ah, meu filho, será possível que a bondade do Céu tenha atendido minhas preces? É verdade o que me diz? Não me engana com uma falsa esperança? Posso acreditar mesmo na notícia surpreendente de sua conversão?

DON JUAN — (*Hipócrita.*) Sim, o senhor me vê liberto de todos os meus erros; não sou mais o mesmo de ontem à noite. De um golpe o Céu operou em mim uma mudança que vai surpreender todo mundo. Ele tocou minha alma e abriu meus olhos. Vejo com horror meu longo período de cegueira e o desregramento criminoso da vida que eu levei. Repasso em minha mente todas as abominações e me espanto como o Céu pôde suportá-las por tanto tempo, sem deixar cair sobre minha cabeça mil golpes de sua apavorante justiça. Vejo a graça que sua bondade me concedeu não punindo meus crimes,[35] e pretendo aproveitar essa misericórdia mostrando ao mundo

---

[35] Nesta declaração, feita com todo o vocabulário da teologia moral, crime significa pecado.

uma súbita mudança de vida. Repararei o escândalo[36] de minhas ações passadas e me esforçarei para obter do Céu a remissão completa. É a isso que vou me dedicar. Eu lhe suplico, senhor, que contribua com meu esforço, ajudando-me, com sua sabedoria, a escolher uma pessoa que me sirva de guia, sob a conduta de quem eu possa marchar seguro pelo caminho no qual vou entrar.

DON LUÍS — Ah! Meu filho, com que facilidade a ternura de um pai renasce e as ofensas de um filho desaparecem com a menor palavra de arrependimento! Já não me lembro dos desgostos que você me deu, tudo se apagou com as palavras que você acaba de me fazer escutar. Confesso que não caibo em mim de tanta alegria; não contenho minhas lágrimas de felicidade; todos os meus votos foram aceitos, e daqui em diante não tenho mais nada a pedir ao Céu. Abrace-me, meu filho, e persista, eu lhe imploro, na sua louvável intenção. Quanto a mim, vou correndo levar a feliz notícia a sua mãe, partilhar com ela a minha comoção e agradecer ao Céu pela santa resolução que ele lhe inspirou.

Cena 2

DON JUAN, LEPORELO.

LEPORELO — Don Juan, meu senhor, que alegria sinto ao

---

[36]Escândalo no sentido rigorosamente teológico: o exemplo que se dá do pecado; a incitação ao pecado por outro, por exemplo.

vê-lo convertido! Há muito tempo eu esperava por isso e, pronto, graças ao Céu, todos os meus desejos satisfeitos!

DON JUAN — Ao diabo, idiota!

LEPORELO — Como assim, idiota?

DON JUAN — O quê? Você toma o que acabo de dizer como ouro e acha que minha boca estava de acordo com meu coração?

LEPORELO — O quê? Não é... O senhor não... Sua... Oh! (*À parte.*) Que homem! Que homem! Que homem!

DON JUAN — Não, não, eu não mudei. Meus sentimentos continuam os mesmos.

LEPORELO — Não se convenceu nem mesmo diante da surpreendente maravilha desta estátua movente e falante?

DON JUAN — Existe aí alguma coisa que não consigo entender. Mas seja lá o que for, não é capaz nem de convencer meu espírito nem de abalar minha alma. E se afirmei querer corrigir minha conduta e iniciar uma vida exemplar, é apenas um projeto político, um estratagema útil, um jogo de cena necessário para manipular um pai que sempre me foi útil e para me acobertar, preventivamente, de mil situações desagradáveis que ainda irão me acontecer. Quero lhe confiar isso, Leporelo. Sinto-me confortável por ter alguém que nos conheça a fundo e saiba os verdadeiros motivos que nos conduzem às ações.

LEPORELO — O quê? O senhor não acredita em nada e, no entanto, quer erigir-se em homem de bem?

DON JUAN — E por que não? Há tantos como eu que representam esse papel e usam a mesma máscara para enganar o mundo inteiro!

MOLIÈRE

LEPORELO — Ah! Que homem! Que homem!

DON JUAN — Disso ninguém mais se envergonha: a hipocrisia é um vício na moda, e todos os vícios na moda passam por virtudes. O personagem do homem de bem é o melhor de todos os personagens que se pode interpretar hoje, e a profissão[37] de hipócrita tem maravilhosas vantagens. É uma arte cuja impostura é sempre respeitada; ao descobri-la, nunca ousamos condená-la. Todos os outros vícios dos homens estão sujeitos a censuras. Qualquer um tem a liberdade de atacá-los altivamente. Mas a hipocrisia é um vício privilegiado, que tapa a boca de todo mundo e goza tranquilamente de uma impunidade soberana. Cria-se, com ademanes, uma sociedade fechada com todas as pessoas do partido. Ofender um significa todos lhe caírem em cima. E aqueles que, no meio deles, agem de boa-fé e sabemos que são verdadeiramente sinceros, esses, eu lhe digo, são sempre enganados pelos outros; caem ingenuamente na rede dos fingidores e apoiam cegamente a cambada. Quantos hipócritas você acha que conheço que, por esse estratagema, reacomodaram os desregramentos da juventude, fizeram para si um escudo com o manto da religião e, sob esse hábito respeitado, têm permissão para serem os piores homens do mundo? Por mais que se saiba de suas intrigas e que se conheça o que eles realmente são, nem por isso eles perdem a credibilidade das pessoas. Uma inclinação de cabeça, um suspiro de mortificação e um rolar de olhos ao Céu os reabilitam de tudo o que podem fazer. É

---

[37]Profissão: "declaração pública e solene de sua religião, de sua crença" e "nos monastérios, promessa que se faz solenemente de observar os três votos de Religião e as regras da ordem" (Furetière). Don Juan se engaja solenemente numa sociedade, que é também uma ordem diabólica, a dos hipócritas, uma Igreja infernal.

nesse abrigo favorável que quero me salvar e colocar em segurança meus interesses. Não abandonarei meus hábitos agradáveis, mas terei o cuidado de me esconder e me divertir em surdina. Se eu for descoberto, verei, sem mover um dedo, toda a cabala se encarregar de meus interesses, e serei defendido por ela contra todos. Enfim, é esta a maneira de fazer impunemente tudo o que eu quiser. Vou me erigir um censor das ações dos outros, julgarei duramente a todos e terei apenas boa opinião de mim mesmo. Se alguém me ofender, por mínima que seja a ofensa, não o perdoarei jamais e lhe guardarei, com toda calma, um ódio irredutível. Serei o vingador dos interesses do Céu e, sob esse pretexto cômodo, perseguirei meus inimigos, acusando-os de impiedade, desencadeando contra eles os zelos indiscretos que, sem conhecimento de causa, gritarão em público contra eles, os cobrirão de injúrias e os condenarão gravemente com sua autoridade privada. É assim que se aproveita as fraquezas dos homens. É assim que um sábio se acomoda aos vícios de seu século.

LEPORELO — Ó Céu! O que ouço aqui? Só lhe faltava a hipocrisia para afundar completamente e atingir o cúmulo das abominações. Senhor, esta última me domina e não posso me impedir de falar. Faça comigo tudo o que quiser, bata-me, espanque-me, mate-me, se quiser. Preciso aliviar meu coração[38] e, como seu fiel criado, lhe

---

[38] Esta é uma das passagens mais difíceis de interpretar na peça. Leporelo testemunha as torpezas de seu patrão e também dois milagres, que deveriam ter aberto os olhos do libertino. Seu discurso é desordenado, confuso, em forma de "fatrasie" (poema incoerente ou absurdo, formado de ditados, do encadeamento de provérbios que contêm alusões satíricas). Esse modo de expressão não é o mais adequado a um discurso edificante. Aqui se conciliam, com dificuldade, intenções edificantes e procedimentos de um cômico elementar, destinados a provocar gargalhadas.

dizer o que devo. Saiba, senhor, que tantas vezes vai o cântaro à fonte, que um dia quebra.[39] E como diz muito bem esse autor que não conheço, o homem está neste mundo, como o pássaro está no galho; o galho está preso à árvore; quem se apoia na árvore segue os bons preceitos; os bons preceitos valem mais do que as belas palavras; as belas palavras se encontram na corte; na corte estão os cortesãos; os cortesãos seguem a moda; a moda vem da fantasia; a fantasia é uma faculdade da alma; a alma é o que nos dá a vida; a vida termina com a morte; a morte nos faz pensar no Céu; o Céu está sobre a terra; a terra não é o mar; o mar está sujeito a tempestades; as tempestades atormentam os navios; os navios precisam de um bom piloto; um bom piloto é prudente; a prudência não é virtude dos jovens; os jovens devem obediência aos velhos; os velhos amam as riquezas; as riquezas fazem os ricos; os ricos não são pobres; os pobres passam necessidade; a necessidade não tem lei; quem não tem lei vive como animal selvagem; e, consequentemente, o senhor será condenado ao inferno.

DON JUAN — Mas que belo raciocínio!

LEPORELO — Se, depois disso, o senhor não se convence, pior para o senhor.

Cena 3

DON CARLOS, DON JUAN, LEPORELO.

[39] Provérbio que significa que, de tanto desafiar o perigo e cometer o mesmo erro, termina-se por sucumbir a ele ou sofrer.

DON CARLOS — Don Juan, felizmente o encontrei, e me sinto mais à vontade aqui do que em sua casa para conversar e saber quais as suas decisões. Sabe de minha preocupação e que na sua presença me encarreguei de resolver essa questão. De minha parte, não escondo, desejo que as coisas se resolvam amigavelmente; e estou disposto a tudo para convencê-lo a tomar esse caminho e para vê-lo confirmar publicamente minha irmã como sua esposa.

DON JUAN — (*Em tom hipócrita.*) Pobre de mim! Gostaria muito, de todo meu coração, de lhe dar a satisfação que exige; mas o Céu se opõe diretamente a isso. Ele inspirou em minha alma o desejo de mudar de vida. Não tenho outro pensamento agora senão o de abandonar todos os laços mundanos, de me despojar totalmente de todos os tipos de vaidades e de corrigir, de agora em diante, por uma conduta austera, todos os desregramentos criminosos aos quais fui levado pelo fogo da cega juventude.

DON CARLOS — Esse projeto, Don Juan, não se choca em nada com o que eu disse; e a companhia de uma esposa legítima se acomoda perfeitamente aos louváveis pensamentos que o Céu lhe inspira.

DON JUAN — Ai de mim! De modo algum. É uma decisão que sua irmã também tomou. Ela escolheu seu retiro, e nós dois fomos tocados pela graça ao mesmo tempo.

DON CARLOS — Seu retiro não pode nos satisfazer, podendo ser imputado ao desprezo com o qual o senhor tratou a ela e a nossa família; nossa honra exige que ela viva com o senhor.

DON JUAN — Eu lhe asseguro que isso é impossível. De

MOLIÈRE

minha parte, era tudo o que eu queria, e ainda hoje eu mesmo me aconselhei com o Céu sobre isso; mas, quando eu rezava, ouvi uma voz que me dizia que eu não podia pensar em sua irmã, pois com ela eu não alcançaria minha salvação.

DON CARLOS — O senhor acha que pode nos enganar com essas belas desculpas?

DON JUAN — Obedeço à voz do Céu.

DON CARLOS — Quê? O senhor quer que eu me contente com semelhante discurso?

DON JUAN — É o Céu que o quer assim.

DON CARLOS — O senhor obrigou minha irmã a sair de um convento para deixá-la em seguida?

DON JUAN — O Céu assim o ordena.

DON CARLOS — Carregaremos essa mancha de desonra em nossa família?

DON JUAN — Pergunte-o ao Céu.

DON CARLOS — Como? Sempre o Céu?

DON JUAN — O Céu o deseja assim.

DON CARLOS — Basta, Don Juan, eu o compreendo. Não é aqui que quero enfrentá-lo, e este não é o lugar adequado; mas saberei encontrá-lo rapidamente.

DON JUAN — Faça o que quiser. Sabe que não me falta coragem e que sei me servir de minha espada quando é preciso. Vou passar daqui a pouco naquela viela que leva ao grande convento. Mas lhe declaro que não de-

DON JUAN

sejo bater-me, o Céu me impede de pensar nisso. E se o senhor me atacar, veremos o que acontecerá.[40]

DON CARLOS — Veremos, de verdade, veremos.

Cena 4

DON JUAN, LEPORELO.

LEPORELO — Senhor, que diabo de estilo é esse seu? É bem pior do que os outros. Gostava mais do senhor como era antes. Sempre esperei por sua salvação, mas agora me desespero. Acho que o Céu, que o suportou até aqui, não poderá suportar de modo algum esse último horror.

DON JUAN — Vá, vá... O Céu não é tão exato quanto você pensa. Se todas as vezes que os homens...

Cena 5

DON JUAN, *um* ESPECTRO *(como uma mulher coberta com um véu),*[41] LEPORELO.

[40] A frequência de duelos no século XVII coloca aos fidalgos e a seus confessores uma questão de consciência: como se comportar quando se é provocado a duelar? Don Juan, tornado hipócrita, acaba de marcar um duelo, ou seja, já cometeu, em intenção, o pecado do homicídio. Mas sua doutrina lhe permite ficar em paz com sua consciência.

[41] Sugerimos que o diretor faça, pelo jogo de luzes e vozes, que o espectro evoque Dona Elvira, cuja voz Don Juan reconhece; mas uma

LEPORELO — (*Vendo o Espectro.*) Ah, senhor, é o Céu que lhe fala! É um aviso que lhe dá.

DON JUAN — Se o Céu me dá um aviso, é preciso que fale um pouco mais claramente, se quiser que eu o entenda.

ESPECTRO — Don Juan tem apenas um instante para aproveitar a misericórdia do Céu; se ele não se arrepender aqui, sua perda está decidida.

LEPORELO — Ouviu, meu senhor?

DON JUAN — Quem ousa dizer essas palavras? Acho que conheço essa voz.

LEPORELO — Ah, senhor, é um espectro; eu o reconheço ao caminhar.

DON JUAN — Espectro, fantasma, diabo, quero ver o que é.

(*O Espectro se transforma no Tempo, com a foice na mão.*)

LEPORELO — Ó Céu! O senhor viu essa transformação?

DON JUAN — Não, não, nada é capaz de me apavorar, e quero verificar com minha espada se é um corpo ou um espírito.

(*O Espectro desaparece no instante em que Don Juan quer bater nele.*)

LEPORELO — Ah! Senhor, renda-se diante de tantas provas e arrependa-se depressa.

DON JUAN — Não, não, ninguém poderá dizer, aconteça o

Elvira simbolizando todas as vítimas do sedutor; simbolizando, também, agora que ela foi tocada pelo arrependimento, a Graça oferecida ao pecador uma última vez. Depois, a recusa da Graça transformará o espectro em Tempo, símbolo do irremediável.

que acontecer, que eu seja capaz de me arrepender. Vamos. Siga-me.

Cena 6

A ESTÁTUA, DON JUAN, LEPORELO.

A ESTÁTUA — Pare, Don Juan. Ontem o senhor me deu a palavra que viria comer comigo.

DON JUAN — Sim. Aonde vamos?

A ESTÁTUA — Dê-me a mão.

DON JUAN — Aqui.

A ESTÁTUA — Don Juan, o recrudescimento do pecado atrai uma morte funesta, e o menosprezo pelas graças do Céu abre um caminho até as chamas.

DON JUAN — Oh, Céu! O que é isso que sinto? Um fogo invisível me queima, não posso mais, e todo o meu corpo se converte em uma chama ardente.[42] Ah!

Cena 7

LEPORELO.

---

[42] Indicação cênica, 1682: "Cai um raio com um terrível estrondo, e relâmpagos caem sobre Don Juan; a terra se abre e traga-o para o abismo; grandes labaredas saem do lugar onde ele caiu.".

LEPORELO — (*Só.*) Ah! Meu pagamento, meu pagamento! Com sua morte todos estão satisfeitos: Céu ofendido, leis violadas, donzelas seduzidas, famílias desonradas, pais ultrajados, esposas conspurcadas, maridos enganados, todo mundo está contente. Só eu sou infeliz. Meu pagamento, meu pagamento, meu pagamento![43]

---

[43] "Meu pagamento, meu pagamento!" vem do cenário do teatro italiano.

COLEÇÃO DE BOLSO HEDRA

1. *Iracema*, Alencar
2. *Don Juan*, Molière
3. *Contos indianos*, Mallarmé
4. *Auto da barca do Inferno*, Gil Vicente
5. *Poemas completos de Alberto Caeiro*, Pessoa
6. *Triunfos*, Petrarca
7. *A cidade e as serras*, Eça
8. *O retrato de Dorian Gray*, Wilde
9. *A história trágica do Doutor Fausto*, Marlowe
10. *Os sofrimentos do jovem Werther*, Goethe
11. *Dos novos sistemas na arte*, Maliévitch
12. *Mensagem*, Pessoa
13. *Metamorfoses*, Ovídio
14. *Micromegas e outros contos*, Voltaire
15. *O sobrinho de Rameau*, Diderot
16. *Carta sobre a tolerância*, Locke
17. *Discursos ímpios*, Sade
18. *O príncipe*, Maquiavel
19. *Dao De Jing*, Laozi
20. *O fim do ciúme e outros contos*, Proust
21. *Pequenos poemas em prosa*, Baudelaire
22. *Fé e saber*, Hegel
23. *Joana d'Arc*, Michelet
24. *Livro dos mandamentos: 248 preceitos positivos*, Maimônides
25. *O indivíduo, a sociedade e o Estado, e outros ensaios*, Emma Goldman
26. *Eu acuso!*, Zola — *O processo do capitão Dreyfus*, Rui Barbosa
27. *Apologia de Galileu*, Campanella
28. *Sobre verdade e mentira*, Nietzsche
29. *O princípio anarquista e outros ensaios*, Kropotkin
30. *Os sovietes traídos pelos bolcheviques*, Rocker
31. *Poemas*, Byron
32. *Sonetos*, Shakespeare
33. *A vida é sonho*, Calderón
34. *Escritos revolucionários*, Malatesta
35. *Sagas*, Strindberg
36. *O mundo ou tratado da luz*, Descartes
37. *O Ateneu*, Raul Pompeia
38. *Fábula de Polifemo e Galateia e outros poemas*, Góngora
39. *A vênus das peles*, Sacher-Masoch
40. *Escritos sobre arte*, Baudelaire
41. *Cântico dos cânticos*, [Salomão]
42. *Americanismo e fordismo*, Gramsci
43. *O princípio do Estado e outros ensaios*, Bakunin
44. *O gato preto e outros contos*, Poe
45. *História da província Santa Cruz*, Gandavo
46. *Balada dos enforcados e outros poemas*, Villon
47. *Sátiras, fábulas, aforismos e profecias*, Da Vinci
48. *O cego e outros contos*, D.H. Lawrence

49. *Rashômon e outros contos*, Akutagawa
50. *História da anarquia (vol. 1)*, Max Nettlau
51. *Imitação de Cristo*, Tomás de Kempis
52. *O casamento do Céu e do Inferno*, Blake
53. *Cartas a favor da escravidão*, Alencar
54. *Utopia Brasil*, Darcy Ribeiro
55. *Flossie, a Vênus de quinze anos*, [Swinburne]
56. *Teleny, ou o reverso da medalha*, [Wilde et al.]
57. *A filosofia na era trágica dos gregos*, Nietzsche
58. *No coração das trevas*, Conrad
59. *Viagem sentimental*, Sterne
60. *Arcana Cœlestia* e *Apocalipsis revelata*, Swedenborg
61. *Saga dos Volsungos*, Anônimo do séc. XIII
62. *Um anarquista e outros contos*, Conrad
63. *A monadologia e outros textos*, Leibniz
64. *Cultura estética e liberdade*, Schiller
65. *A pele do lobo e outras peças*, Artur Azevedo
66. *Poesia basca: das origens à Guerra Civil*
67. *Poesia catalã: das origens à Guerra Civil*
68. *Poesia espanhola: das origens à Guerra Civil*
69. *Poesia galega: das origens à Guerra Civil*
70. *O chamado de Cthulhu e outros contos*, H.P. Lovecraft
71. *O pequeno Zacarias, chamado Cinábrio*, E.T.A. Hoffmann
72. *Tratados da terra e gente do Brasil*, Fernão Cardim
73. *Entre camponeses*, Malatesta
74. *O Rabi de Bacherach*, Heine
75. *Bom Crioulo*, Adolfo Caminha
76. *Um gato indiscreto e outros contos*, Saki
77. *Viagem em volta do meu quarto*, Xavier de Maistre
78. *Hawthorne e seus musgos*, Melville
79. *A metamorfose*, Kafka
80. *Ode ao Vento Oeste e outros poemas*, Shelley
81. *Oração aos moços*, Rui Barbosa
82. *Feitiço de amor e outros contos*, Ludwig Tieck
83. *O corno de si próprio e outros contos*, Sade
84. *Investigação sobre o entendimento humano*, Hume
85. *Sobre os sonhos e outros diálogos*, Borges — Osvaldo Ferrari
86. *Sobre a filosofia e outros diálogos*, Borges — Osvaldo Ferrari
87. *Sobre a amizade e outros diálogos*, Borges — Osvaldo Ferrari
88. *A voz dos botequins e outros poemas*, Verlaine
89. *Gente de Hemsö*, Strindberg
90. *Senhorita Júlia e outras peças*, Strindberg
91. *Correspondência*, Goethe — Schiller
92. *Índice das coisas mais notáveis*, Vieira
93. *Tratado descritivo do Brasil em 1587*, Gabriel Soares de Sousa
94. *Poemas da cabana montanhesa*, Saigyō
95. *Autobiografia de uma pulga*, [Stanislas de Rhodes]
96. *A volta do parafuso*, Henry James
97. *Ode sobre a melancolia e outros poemas*, Keats
98. *Teatro de êxtase*, Pessoa
99. *Carmilla — A vampira de Karnstein*, Sheridan Le Fanu

100. *Pensamento político de Maquiavel*, Fichte
101. *Inferno*, Strindberg
102. *Contos clássicos de vampiro*, Byron, Stoker e outros
103. *O primeiro Hamlet*, Shakespeare
104. *Noites egípcias e outros contos*, Púchkin
105. *A carteira de meu tio*, Macedo
106. *O desertor*, Silva Alvarenga
107. *Jerusalém*, Blake
108. *As bacantes*, Eurípides
109. *Emília Galotti*, Lessing
110. *Contos húngaros*, Kosztolányi, Karinthy, Csáth e Krúdy
111. *A sombra de Innsmouth*, H.P. Lovecraft
112. *Viagem aos Estados Unidos*, Tocqueville
113. *Émile e Sophie ou os solitários*, Rousseau
114. *Manifesto comunista*, Marx e Engels
115. *A fábrica de robôs*, Karel Tchápek
116. *Sobre a filosofia e seu método — Parerga e paralipomena (v. II, t. I)*, Schopenhauer
117. *O novo Epicuro: as delícias do sexo*, Edward Sellon
118. *Revolução e liberdade: cartas de 1845 a 1875*, Bakunin
119. *Sobre a liberdade*, Mill
120. *A velha Izerguil e outros contos*, Górki
121. *Pequeno-burgueses*, Górki
122. *Um sussurro nas trevas*, H.P. Lovecraft
123. *Primeiro livro dos Amores*, Ovídio
124. *Educação e sociologia*, Durkheim
125. *Elixir do pajé — poemas de humor, sátira e escatologia*, Bernardo Guimarães
126. *A nostálgica e outros contos*, Papadiamántis
127. *Lisístrata*, Aristófanes
128. *A cruzada das crianças/ Vidas imaginárias*, Marcel Schwob
129. *O livro de Monelle*, Marcel Schwob
130. *A última folha e outros contos*, O. Henry
131. *Romanceiro cigano*, Lorca
132. *Sobre o riso e a loucura*, [Hipócrates]
133. *Hino a Afrodite e outros poemas*, Safo de Lesbos
134. *Anarquia pela educação*, Élisée Reclus
135. *Ernestine ou o nascimento do amor*, Stendhal
136. *A cor que caiu do espaço*, H.P. Lovecraft
137. *Odisseia*, Homero
138. *O estranho caso do Dr. Jekyll e Mr. Hyde*, Stevenson
139. *História da anarquia (vol. 2)*, Max Nettlau
140. *Eu*, Augusto dos Anjos
141. *Farsa de Inês Pereira*, Gil Vicente
142. *Sobre a ética — Parerga e paralipomena (v. II, t. II)*, Schopenhauer
143. *Contos de amor, de loucura e de morte*, Horacio Quiroga
144. *Memórias do subsolo*, Dostoiévski
145. *A arte da guerra*, Maquiavel

Edição _	Jorge Sallum
Coedição _	André Fernandes
Revisão _	Heloisa Beraldo
Capa e projeto gráfico _	Júlio Dui e Renan Costa Lima
Projeto de miolo (InDesign) _	Felipe Marques
Programação em LaTeX _	Marcelo Freitas
Consultoria em LaTeX _	Roberto Maluhy Jr.
Assistência editorial _	Bruno Oliveira e Pedro Augusto
Colofão _	Adverte-se aos curiosos que se imprimiu esta obra em nossas oficinas em 23 de abril de 2013, em papel off-set 90 g/m², composta em tipologia Times, em GNU/Linux (Gentoo, Sabayon e Ubuntu), com os softwares livres LaTeX, DeTeX, VIM, Evince, Pdftk, Aspell, SVN e TRAC.